Windy Dryden

Zehn Schritte nach vorn

Wie Sie Ihrem Leben eine positive Wende geben

Aus dem Englischen von
Karin Wördemann-Wingert

W0208669

BELTZ
Taschenbuch

Titel der englischen Originalausgabe: 10 Steps to positive Living
© Dr. Windy Dryden, 1994
First published in Britain 1994
Sheldon Press, SPCK, Marylebone Road, London NW1 4DU

Besuchen Sie uns im Internet:
www.beltz.de

Alle Rechte, insbesondere das Recht der Vervielfältigung und Verbreitung sowie der Übersetzung, vorbehalten. Kein Teil des Werkes darf in irgendeiner Form (durch Fotokopie, Mikrofilm oder ein anderes Verfahren) ohne schriftliche Genehmigung des Verlages reproduziert oder unter Verwendung elektronischer Systeme verarbeitet, vervielfältigt oder verbreitet werden.

Beltz Taschenbuch 865

1 2 3 4 5 07 06 05 04 03

Alle Rechte der deutschsprachigen Ausgabe:
© 2003 Beltz Verlag · Weinheim, Basel, Berlin
Umschlaggestaltung: Federico Luci, Köln
Umschlagfoto: © Premium / Image State Pictor
Satz: MediaPartner Satz und Repro GmbH, Hemsbach
Druck und Bindung: Druckhaus Beltz, Hemsbach
Printed in Germany

ISBN 3 407 22865 1

Inhaltsverzeichnis

Vorwort

Meine früheren Bücher kreisten alle um die Frage, wie man ein ganz bestimmtes seelisches *Problem* bewältigen kann (z.B. Angst, Depression, Wut, Schuld, Scham, Kränkung und Liebesprobleme). In der breiteren Öffentlichkeit habe ich jedoch ein wachsendes Interesse an der Frage bemerkt, wie wir die Seiten bei uns stärken können, die unsere geistige Gesundheit stärken und fördern. Bei meinen Vorträgen über psychologische Themen konnte ich immer beobachten, dass aus dem Publikum mehr danach gefragt wurde, was der Einzelne dafür tun könne, seine geistige Gesundheit zu verbessern, als danach, wie bestimmte seelische Probleme bewältigt werden können. Es schien mir daher angebracht, ein kurzes Buch darüber zu schreiben, was Menschen tun müssen, um ihre geistige Gesundheit und damit ihr psychisches Wohlbefinden zu fördern. So entstand dieses Buch.

Obwohl die Schritte, die ich in diesem Buch skizziert habe, keine unabänderliche Reihenfolge darstellen, möchte ich die Leser doch darauf hinweisen, dass die Schritte 1 bis 6 vor den Schritten 7 bis 10 erarbeitet werden müssen. Ansonsten sollten Sie sich in jeder Hinsicht frei fühlen, das Buch so zu verwenden, wie es Ihnen sinnvoll erscheint. Wenn Sie mir von Ihren Erfahrungen damit berichten wollen, würde mich das freuen. Ihre Briefe erreichen mich über den Verlag.

Wie immer möchte ich Caroline Dearden danken, deren Unterstützung bei der Vorbereitung des Manuskripts eine unschätzbare Hilfe war.

Windy Dryden

Schritt 1

Übernehmen Sie persönliche Verantwortung

Die Vorstellung, für etwas persönlich verantwortlich zu sein, ist ein wesentliches Merkmal geistiger Gesundheit. Nach meiner Auffassung sind Sie für solche Angelegenheiten, die innerhalb Ihres Einflussbereichs liegen, verantwortlich. Und worauf können Sie nun Einfluss nehmen in Ihrem Leben? Beeinflussen können Sie vor allem das, was Sie als Individuum betrifft. Darunter verstehe ich Ihre Gedanken, Gefühle, Entscheidungen und Handlungsweisen. Sie haben auch *etwas* Einfluss auf die wahrscheinlichen Folgen Ihrer Handlungen.

Das heißt nicht, dass Sie diese Dinge *vollkommen beherrschen*. Wenn Sie beispielsweise versuchen, Ihre Gedanken vollständig zu beherrschen, werden Sie sehr bald herausfinden, dass Sie dazu nicht in der Lage sind.

Machen Sie einmal folgendes Experiment: Sie schließen einen Augenblick lang Ihre Augen und denken fest an einen rosa Elefanten. Danach versuchen Sie umgekehrt, nicht an einen rosa Elefanten zu denken. Zu Ihrer Überraschung werden Sie feststellen, dass gerade das, was Ihnen eben nicht aus dem Kopf geht, ein rosa Elefant ist. Wenn Sie dagegen nur ganz flüchtig an einen rosa Elefanten denken, wird Sie dieser Gedanke nicht länger beschäftigen und Ihr Denken wird sich anderen Dingen zuwenden. Das Experiment zeigt, dass Sie zwar eine gewisse, aber keine vollständige Kontrolle über Ihre Gedanken haben.

Weil Ihre Gedanken nun einmal, ganz allgemein gesprochen, in Ihren Einflussbereich fallen, sind Sie für sie auch verantwortlich und niemand anderes. Ich bin zum Beispiel nicht dafür verantwortlich, wenn Sie an einen rosa Elefanten denken, auch wenn ich für den Vorschlag, daran zu denken, verantwortlich bin. Mein Vorschlag liegt in meinem Einflussbereich und deshalb bin ich auch nur dafür verantwortlich.

In anderen Büchern, die ich entweder allein oder mit meinem Kollegen Jack Gordon verfasst habe (zum Beispiel »Nadelstiche für die Seele«), habe ich gezeigt, dass unsere Gefühle größtenteils davon abhängen, was wir über uns, über andere und über die Erfahrungen, die wir in unserem Leben machen, denken. Das bedeutet, dass man für die Gefühle, *die man hat*, verantwortlich ist. Da Sie für die Überzeugungen im Hinblick auf Ihre eigene Person, andere Menschen und die Welt weitgehend verantwortlich sind, kann man auch sagen, dass Sie für die Gefühle, die von diesen Überzeugungen herrühren, die Hauptverantwortung tragen. Sie beherrschen Ihre Überzeugungen oder Gefühle jedoch nicht vollkommen, weil Sie sich mit Ereignissen auseinander setzen müssen, die für die Art, wie Sie denken, nicht ganz folgenlos sind.

Nehmen wir zum Beispiel an, Sie genießen normalerweise das Zusammensein mit guten Freunden. Ihr Beruf hat Sie aber nun in ein anderes Land geführt, wo Sie niemanden kennen. Sie sind nun in einer unglücklichen Lage, die negative Gefühle auslöst. In Anbetracht Ihres Wunsches, sich mit Menschen zu umgeben, die Sie kennen und mögen, wird diese Situation einen gewissen Einfluss darauf haben, wie Sie denken. Da Sie eine harte Zeit durchstehen müssen, werden Sie wohl kaum denken: »Prima, ich bin heilfroh, dass ich von meinen Freunden so weit weg bin.« Oder auch: »Es stört mich nicht im Geringsten, dass ich zu den Menschen, die mir etwas bedeuten, keinen Kontakt habe.« Es wäre sogar ungesund, wenn Sie so denken würden.

Die missliche Lage, in der Sie sich befinden, nimmt Ihnen aber nicht die Verantwortung dafür ab, wie Sie über Ihr Los denken. Sie haben die Wahl zwischen einem Denken, das ich als eine gesunde negative Denkweise bezeichnen würde, wie zum Beispiel: »Ich bin höchst ungern in dieser Situation, aber ich kann sie aushalten«, und einer ungesunden Denkweise, wie zum Beispiel: »Ich ertrage diese Situation nicht, ich werde verrückt, wenn ich das noch länger aushalten muss.«

Erfahrungen, die Sie in ihrem Leben machen, und besonders die Erfahrung negativer Ereignisse, schränken zwar die Möglichkeiten, wie Sie denken werden, ein, aber sie *verursachen* nur sehr selten die Art, wie sie denken und fühlen. Sie haben immer die Wahl, auf eine *gesunde* negative Weise oder eine *gestörte* negative Weise zu denken.

Auch für die Entscheidungen, die Sie in Ihrem Leben treffen, sind Sie weitgehend selbst verantwortlich, selbst wenn Sie vielleicht nicht über alle Informationen verfügen, die Sie brauchen, wenn Sie eine Entscheidung fällen.

Gehen wir einmal davon aus, Ihnen seien zwei Arbeitsstellen angeboten worden. Sie sind arbeitslos und müssen nun zwischen drei Möglichkeiten wählen. Erstens können Sie Arbeitsplatz A nehmen. Zweitens können Sie Arbeitsplatz B nehmen. Drittens können Sie beides ausschlagen und auf ein besseres Stellenangebot warten. (Dabei gehen Sie natürlich das Risiko ein, dass Sie keine bessere Stelle finden werden, sondern arbeitslos bleiben.) Es liegt in Ihrer Verantwortung, so viel wie möglich über die beiden Stellen in Erfahrung zu bringen und die Chance, etwas Besseres zu finden, genauer zu erkunden, falls Sie sich dafür entscheiden sollten, beide Stellen abzulehnen. Nehmen wir an, Sie entscheiden sich für die Stelle A. Es stellt sich jedoch schnell heraus, dass Ihnen wichtige Informationen vorenthalten wurden, so dass Sie sich anders entschieden hätten, wenn Sie davon gewusst hätten. Sie sind für die von Ihnen getroffene Entscheidung nach wie vor verantwortlich, nicht aber dafür, dass Ihnen wichtige Informationen vorenthalten wurden. Es wäre kontraproduktiv für Sie, wenn Sie nun verlangen würden, Sie hätten diese Dinge wissen müssen, wenn es in Wirklichkeit so war, dass Sie sie nicht wussten. Das ist ein wichtiger Punkt: Sie sind nicht verantwortlich dafür, nicht gewusst zu haben, was Sie nicht wussten. Sie können also nicht für etwas verantwortlich gemacht werden, was Sie zu einem gegebenen Zeitpunkt nicht wussten; Sie sind aber sehr wohl dafür verantwortlich, aus dieser Erfahrung zu lernen. Das nächste Mal können Sie bestimmte Fragen stellen, die Sie zur Arbeitsstelle A nicht gefragt hatten.

Sie haben auch eine gewisse Verantwortung für die wahrscheinlichen Folgen Ihrer Handlungen. Stellen wir uns vor, Sie haben einem Freund versprochen, ihm einen Gefallen zu tun. Als es so weit ist, das Versprechen einzulösen, kommt etwas Interessanteres dazwischen, und Sie beschließen, die Absprache nicht einzuhalten. Ihr Freund wird sehr wahrscheinlich darüber verstimmt sein, dass Sie ihm nicht in der vereinbarten Weise helfen. Dazu lässt sich sagen, dass Sie nicht nur dafür verantwortlich sind, dass Sie Ihr Versprechen nicht eingehalten haben (das heißt für Ihr Handeln), sondern auch für die Enttäuschung Ihres Freundes. Sie können aber nicht für eine schwere Depression Ihres Freundes verantwortlich gemacht werden, denn dessen deprimierte Gefühle haben ihren Grund weitgehend in einer gestörten Denkweise, mit der er auf die Nichteinhaltung Ihres Versprechens reagiert.

Insgesamt besehen ist es sehr wichtig für Sie, dass Sie die Verantwortung für Ihre Gedanken, Gefühle, Entscheidungen, Handlungen und die wahrscheinlichen Folgen dieser Handlungen übernehmen. Solange Sie die persönliche Verantwortung nicht annehmen, werden Sie sich nicht darum bemühen, Dinge zu ändern, die Sie ändern können. Stattdessen werden Sie anderen Menschen oder bestimmten Lebensereignissen die Schuld dafür geben, wie Sie denken, fühlen, handeln und entscheiden. Anderen Menschen und äußeren Ereignissen die Schuld für etwas zuzuschreiben, wofür in Wirklichkeit Sie selbst verantwortlich sind, ist aber ein Kennzeichen dafür, in schlechter geistiger Verfassung zu sein. Tun Sie das, werden Sie dazu neigen, sich ständig selbst als Opfer zu sehen und dem Leben mit der Haltung »Ich bin hilflos« zu begegnen. Wer es ablehnt, persönliche Verantwortung zu akzeptieren, der lehnt es im Grunde genommen auch ab, das Leben in die eigene Hand zu nehmen. Sie erwarten dann von anderen, dass diese Sie retten, und werden allzu abhängig von ihnen. Sie fühlen sich als Opfer und neigen dazu, sich bitter über Ihr Los zu beklagen und zu bedauern, wie ungerecht Sie doch von anderen und der Welt behandelt worden sind.

Wenn Sie das tun, werden Sie vorzugsweise Ihrer Vergangenheit und Ihren Eltern die Schuld dafür geben, wie Sie heute denken, fühlen und handeln. Leider bestärken einige psychologische Lehrmeinungen diese Haltung, weil sie zwischen lebensgeschichtlich früheren Ereignissen, die dazu *beitragen*, wie Sie heute denken, fühlen und handeln, und früheren Ereignissen, die Ihre Gedanken, Gefühle und Verhaltensweisen *verursachen*, nicht unterscheiden. Ich denke, Ihre Vergangenheit hat sicherlich einen gewissen Einfluss, aber nur in den seltensten Fällen verursacht sie die Art, wie Sie auf Lebensereignisse heute reagieren. Die Art, wie Sie heute reagieren, hängt weitgehend davon ab, wie Sie über die gegenwärtigen und zukünftigen Ereignisse denken. So könnten Sie zum Beispiel von Ihren Eltern gelernt haben, dass Sie ein Versager sind, wenn Sie im Leben keine Erfolge vorweisen können. Vergessen Sie hierbei aber nicht, dass Sie höchstwahrscheinlich viele Jahre damit verbracht haben, diese Philosophie in Ihrem Kopf lebendig zu erhalten. Meiner Ansicht nach sind Sie daher verantwortlich für die Wahl – ja, für die Wahl, eine solche Philosophie in Ihnen lebendig zu erhalten, und Sie können daher auch lernen, sie zu verändern.

Es ist sehr wichtig, zwischen Verantwortung und Schuld zu unterscheiden. Ich bin zwar der Meinung, dass Menschen weitgehend dafür verantwortlich sind, wie sie denken, fühlen und handeln, doch daraus folgt noch nicht, dass man ihnen die Schuld geben muss für ihre Gedanken, Gefühle und Handlungen und für die Folgen ihrer Entscheidungen und Handlungen. Denn Schuld setzt eine Philosophie voraus, wonach Menschen, die etwas Unrechtes tun, schlecht sind, und dafür bestraft werden müssen. Ich vertrete in diesem Buch die Auffassung, dass Menschen an sich weder gut noch schlecht, sondern fehlbare

Wesen sind: Wenn sie etwas Schlechtes getan haben, müssen sie die Verantwortung dafür übernehmen, aber sie müssen sich ihre Verfehlungen nicht vorwerfen. Wie ich gemeinsam mit Jack Gordon früher schon gezeigt habe, hindert uns der Schuldvorwurf daran, aus Fehlern zu lernen. Wem Schuld gegeben wird, der muss ein schlechter Mensch sein, und wer ein schlechter Mensch ist, wird auch weiterhin Schlechtes tun.

Um es noch einmal zusammenzufassen: Übernehmen Sie Verantwortung für das, was in Ihrem Einflussbereich liegt. Die Verantwortung für Ihre Gedanken, Gefühle und Handlungen wird Sie ermutigen, ungesunde Denkmuster, die mit Ihren kontraproduktiven Gefühlen und kontraproduktiven Verhaltensweisen verbunden sind, zu verändern. Wenn Sie die Verantwortung annehmen, die Sie zweifelsohne haben, werden Sie auch in der Lage sein, von diesem Buch zu profitieren. Sollten Sie diese Verantwortung auch künftig von sich weisen, wird Ihnen vermutlich weder dieser noch irgendein anderer Ratgeber helfen können.

Schritt 2

Machen Sie sich eine nachgiebige, flexible Philosophie zu Eigen

Wie ich in Schritt 1 gezeigt habe, hängen Ihre Gefühle und Ihr Verhalten hauptsächlich davon ab, wie Sie über die Ereignisse in Ihrem Leben denken. Wenn Sie geistig gesund sein wollen, ist es also wichtig, dass Sie eine Reihe von Überzeugungen und Einstellungen entwickeln, die Ihnen das ermöglichen. Ich bezeichne diese Überzeugungen und Einstellungen als eine Philosophie. Eine der geistigen Gesundheit förderliche Philosophie ist meiner Ansicht nach grundsätzlich flexibel.

Ein Modell menschlicher Gefühle

Was macht eine der geistigen Gesundheit förderliche, flexible Lebensphilosophie aus und wie unterscheidet sie sich von einer Lebensphilosophie, die nicht flexibel ist und eine schlechte geistige Verfassung begünstigt? Ich kann diese Fragen am besten beantworten, indem ich Ihnen ein Modell menschlicher Gefühle erläutere, das ich meinen Klienten im Laufe der Beratung regelmäßig beibringe. Dieses Modell gliedert sich in drei Teile.

Teil 1

Ich möchte, dass Sie sich Folgendes vorstellen: Sie glauben, dass es wünschenswert ist, wenn Sie jederzeit mindestens elf Euro bei sich haben. Sie glauben nicht, dass es unbedingt notwendig ist, stets diese Summe dabeizuhaben, nur dass es vorzuziehen ist. Sie haben also diese feste Einstellung, wenn Sie darangehen, zu prüfen, wie viel Geld Sie in Ihrer Tasche oder Ihrem Portemonnaie haben. Sie entdecken, dass Sie nur einen 10-Euro-Schein bei sich haben. Wie fühlen Sie sich dann, wenn Sie zwar zehn Euro finden, eigentlich jedoch wenigstens elf Euro dabeihaben möchten, aber nicht unbedingt dabeihaben müssen? Ich denke, Sie würden etwas besorgt, frustriert oder enttäuscht sein. Diese negativen Gefühle sind gesund, meine ich, denn Sie versetzen Sie in die Lage, sich auf die negative Situation einzustellen, und motivieren Sie, konstruktive Schritte zu unternehmen, um die Situation, wenn möglich, zu verbessern.

Teil 2

Jetzt stellen Sie sich bitte vor, Sie hätten eine andere Lebensphilosophie. Dieses Mal sind Sie ganz fest davon überzeugt, dass Sie jederzeit wenigstens elf Euro bei sich haben *müssen*. Das sei absolut unverzichtbar, die Welt würde untergehen, wenn Sie diese Summe nicht dabeihätten. Wie würden Sie sich fühlen, wenn Sie nur diese Lebensphilosophie im Kopf hätten und nur zehn Euro in der Tasche fänden? Ich meine, Sie hätten eine gänzlich andere Sorte von negativen Gefühlen, nämlich ungesunde. Denn wären Sie dann nicht ängstlich, erschreckt oder sogar deprimiert? Solche Gefühle würden Sie wohl kaum ermutigen, sich auf die Situation einzustellen, oder Ihnen dabei helfen, konstruktiv zu handeln, um die Sache demnächst besser zu machen. Nun beachten Sie bitte, dass Sie in Teil 1 und Teil 2 des Modells auf die gleiche Situation treffen, denn Sie haben jeweils zehn Euro in Ihrer Tasche. Bedenken Sie außerdem, dass die ganz unterschiedlichen negativen Gefühle – im ersten Teil eine gesunde Reaktionsweise, im zweiten Teil eine ungesunde – von verschiedenen Lebensphilosophien herrühren. Im ersten Teil hatten Sie flexible, nachgiebige Prinzipien, während Sie im zweiten Teil von starren und unverrückbaren Prinzipien beherrscht wurden.

Teil 3

Im letzten Teil des Modells, bitte ich Sie, sich vorzustellen, Sie hätten die gleiche starre, unnachgiebige Philosophie wie im zweiten Teil: Es ist absolut unverzichtbar, dass Sie ständig mindestens elf Euro mit sich herumtragen, und es wäre schlimm, wenn Sie es nicht täten. Nehmen wir einmal an, Sie wühlen verzweifelt in Ihrer Tasche oder in Ihrem Portemonnaie und finden zusätzlich zwei Euro in Münzen darin, von denen Sie nicht mehr wüssten, dass sie da sind. Wie würden Sie reagieren? Sie würden sich wahrscheinlich erleichtert fühlen wie die meisten Menschen. Eine Zeit lang würden Sie das wohl auch sein, weil Sie entdeckt haben, dass Sie mehr dabeihaben als Ihren unbedingt erforderlichen Mindestbetrag. Aber während Sie immer noch der Meinung sind: »Ich muss ausnahmslos mindestens elf Euro bei mir haben, und wenn nicht, wäre das schrecklich«, schleicht sich allmählich ein Gedanke bei Ihnen ein, der Sie wieder in Angst und Schrecken versetzt. Ihre Überlegungen könnten nämlich folgende Richtung nehmen: »Was mache ich, wenn ich zwei Euro verliere, wenn ich zwei Euro ausgeben muss oder wenn ich bestohlen werde?« Obwohl Sie nun mehr Geld in der Tasche haben als Ihren Mindestbetrag, werden Sie wieder beunruhigt und ängstlich sein.

Das Entscheidende an diesem Modell ist – und ich möchte, dass Sie sich über diesen außerordentlich wichtigen Punkt wirklich Gedanken machen –, dass Menschen, seien sie nun arm oder reich, männlich oder weiblich, schwarz oder weiß, jung oder alt, seelisch Schaden nehmen, wenn sie nicht bekommen, wovon sie glauben, sie müssten es unbedingt haben, und für seelische Störungen anfällig sind, wenn sie das haben, was sie vermeintlich unbedingt haben müssen, weil sie es jederzeit wieder verlieren können. Wenn Menschen dagegen unbeirrbar (nicht starr!) an ihren undogmatischen, flexiblen Wünschen festhalten, dann werden sie zwar negative Gefühle haben, wenn sie das, was sie gern haben wollen, nicht bekommen, doch diese negativen Gefühle werden ihnen helfen, sich auf die Situation einzustellen, und Anreiz sein, konstruktiv zu handeln, um die Situation in ihrem Sinne zu verändern.

Als Mensch leben Sie Ihr Leben nach einer komplizierten Ordnung von Wünschen. Sie möchten, dass bestimmte Dinge geschehen, und möchten, dass andere Dinge nicht geschehen. Sie haben Ihre eigenen Präferenzen: Sie möchten bestimmte Dinge von Ihren Mitmenschen, und Sie haben eine gesunde Mischung von Bedürfnissen und Wünschen im Hinblick auf die Welt, in der Sie leben. Solange Sie Präferenzen beibehalten, die wesentlich flexibel und nachgiebig sind, bleiben Sie – wie unser Modell zeigt – selbst dann seelisch gesund, wenn sie nicht bekommen, was Sie haben wollen. Wie ich später noch zeigen werde, sind bestimmte negative Gefühle gesunde Reaktionen auf Situationen, in denen Ihre Wünsche nicht erfüllt werden. Diese Mischung nachgiebiger, flexibler Präferenzen, Wünsche und Bedürfnisse hilft Ihnen dabei, all das zu verändern, was Sie verändern können, und sich konstruktiv auf das einzustellen, was sich in Ihrem Leben nicht verändern lässt, ohne dass Sie dabei seelisch Schaden nehmen. Wünsche dieser Art regen Sie auch zu konstruktivem Handeln an, das sich auf die Erfüllung Ihrer Wünsche richtet. Eine nachgiebige, flexible Lebensphilosophie hinsichtlich der Wünsche und Präferenzen bestärkt Sie daher in Ihrem Streben nach dem persönlichen Glück.

Wenn Sie allerdings Ihre Wünsche in absolute Notwendigkeiten verwandeln, in Mussvorstellungen und lebensbeherrschende Vorschriften, dann passieren zwei Dinge. Erstens vergrößern Sie die Wahrscheinlichkeit, dass Sie seelisch aus dem Gleichgewicht geraten, wenn Sie nicht bekommen, was Sie Ihrem Anspruch nach haben müssen, und Sie vergrößern Ihre Anfälligkeit für seelische Störungen, obwohl Sie möglicherweise haben, von dem Sie ausgehen, es unbedingt haben zu müssen. Zweitens handeln Sie mit solchen dogmatischen Ansprüchen an sich selbst auf eine Weise, die Ihre Chancen mindert, das zu erhalten, was Sie im Leben haben wollen. Wie unser Modell zeigt, wird Angst größtenteils durch dogmatische Mussvorstellungen hervorgerufen, und Sie werden kaum konstruktiv handeln, wenn Sie ängstlich sind. Denn ängstlich gleichen Sie einem kopflos herumrennenden Huhn, das verzweifelt und planlos seinen Kopf zu finden versucht. Ist ein kopfloses Huhn ein gutes Vorbild, um konstruktives Handeln zu fördern? Natürlich nicht. Wenn Sie sich dagegen von den verabsolutierenden Philosophien befreien, die Ihren gestörten Gefühlen wie Angst zum Beispiel zugrunde liegen, werden Sie gesunde negative Gefühle wie Besorgnis und Traurigkeit empfinden, die nicht nur dazu dienen, die Realität der Situation zur Kenntnis zu nehmen, sondern auch davon abzurücken und konstruktiv darüber nachzudenken, wie Sie die Situation ändern können, sofern sie sich tatsächlich ändern lässt.

Die Menschen haben ganz unterschiedliche Wünsche, und es ist nicht meine Aufgabe, Ihnen zu sagen, wie Ihre Wünsche aussehen sollten. Vielleicht haben Sie den Wunsch, Liebe und Anerkennung zu finden oder sich einen Namen zu machen und es in Ihrem Leben zu etwas zu bringen. Sie können zum Beispiel den Wunsch haben, eine Führungsposition zu bekleiden, oder den Wunsch, dass in der Welt Gerechtigkeit herrschen soll. All diese Wünsche sind gesund, solange Sie das Wort »aber« hinter sie setzen. Wenn Sie den Wunsch haben, geliebt zu werden, ist es gesund, zu sagen: »Ich möchte von einer Person, die mir etwas bedeutet, geliebt werden, *aber* ich brauche diese Liebe nicht unbedingt.« Wenn Sie Gerechtigkeit walten sehen wollen, ist es gesund, zu glauben: »Ich möchte, dass es gerecht zugeht in der Welt, und ich werde mich bemühen, dazu beizutragen, *aber* es gibt kein unumschränktes Gesetz, dass die Welt nach dem Grundsatz der Gerechtigkeit funktionieren muss.« Sobald Sie dieses »aber« aus Ihren Wünschen streichen, schlagen Ihre flexiblen Wünsche in unflexible und unnachgiebige Mussvorstellungen um. Diese unflexible, starre Lebensphilosophie liegt also seelischen Problemen zugrunde und macht Sie selbst dann für eine solche Störung anfällig, wenn Sie das haben, wovon Sie glauben, Sie müssten es unter allen Umständen haben.

Wenn Sie also geistig gesund sein wollen, ist es wichtig für Sie, Ihre Wünsche zu kennen, deren Erfüllung anzustreben und für Situationen, in denen Sie in Ihrem Streben nach diesen Wünschen frustriert sind, Problemlösungen zu finden. Im Übrigen werden Sie geistig gesund bleiben, wenn Sie davon absehen, diese Wünsche zu starren, unflexiblen Ansprüchen und Mussvorstellungen zu überhöhen. Wenn Sie jedoch darauf bestehen, Ihre Wünsche in den Rang absoluter, starrer Mussvorstellungen zu erheben, werden Sie immer Probleme bekommen, die sich auf ihr psychisches Wohlbefinden negativ auswirken.

Es gibt drei gewichtigere Gründe dafür, warum Ihre starren und unnachgiebigen Prinzipien zu irrationalem Verhalten führen. Erstens werden, wie unser Modell zeigt, Ihre Gefühle und Ihr Verhalten nicht günstig beeinflusst, solange sie unnachgiebig beanspruchen, dass Sie bekommen müssen, was Sie sich wünschen. Zweitens sind starre Mussvorstellungen mit der Realität unvereinbar. Wenn es tatsächlich so wäre, dass es im Universum ein Gesetz gibt, dem zufolge Sie bekommen müssen, was Sie haben wollen, dann würde die Welt ohnehin nach diesem Gesetz funktionieren müssen und Ihnen das geben, was Sie wollen, ganz gleich was es ist. Da ein solches Gesetz offenkundig nicht existiert, sind starre, unnachgiebige Mussvorstellungen irrational, insofern sie mit der Beschaffenheit der Welt nicht im Einklang stehen. Drittens folgen Ihre Ansprüche und Mussvorstellungen nicht logisch aus Ihren gesunden Präferenzen. Stellen Sie sich doch mal diese Frage: Würden Sie es gut finden, wenn Ihnen jetzt sofort tausend Euro in den Schoß fallen würden? Wahrscheinlich werden Sie diese Frage bejahen. Aber folgt daraus logischerweise, dass dies zwingend zu geschehen hat, bloß weil Sie möchten, dass Ihnen tausend Euro in den Schoß fallen? Offensichtlich nicht! Mussvorstellungen sind also irrational, weil sie sich nicht logisch aus Ihren Präferenzen ergeben.

Schritt 3

Akzeptieren Sie die Realität

Wenn man sich um geistige Gesundheit bemüht, ist es sehr wichtig, die Wirklichkeit erst einmal so hinzunehmen, wie sie *ist.* Sobald ich davon spreche, man müsse die Realität akzeptieren, glauben die Menschen irrtümlicherweise, ich wolle ihnen nur gut zureden, sich mit der Wirklichkeit abzufinden oder zu resignieren. Das ist jedoch keineswegs das, was ich meine. Resignation bedeutet, dass es wenig oder nichts gibt, was man tun kann, um die Lage zu ändern. Wenn Sie sich mit einer Situation abgefunden haben, machen Sie deshalb auch keinen Versuch mehr, sie zu verändern, mit dem Ergebnis, dass sie sich nicht ändert. Lassen Sie mich deshalb unmissverständlich klarstellen, dass ich niemandem zurate, sich mit nachteiligen Lebensereignissen abzufinden, und dass ich Ihnen nicht davon abraten möchte, konstruktiv zu handeln. Ganz im Gegenteil! Unter einem Akzeptieren der Realität verstehe ich, dass Sie anerkennen, dass eine Situation existiert, weil alle Bedingungen für sie gegeben sind; ich verstehe darunter aber auch, dass Sie gleichzeitig konstruktive Versuche unternehmen können, diese Bedingungen zu ändern, um dadurch die Situation, mithin die Realität zu verändern.

Wenn ich die Menschen ermutige, die Realität zu akzeptieren, glauben manche, ich möchte sie dazu bewegen, die Realität zu mögen, wie sie ist, oder ihr gleichgültiger gegenüberzustehen. Das ist wiederum alles andere als das, was ich meine. Nehmen wir einmal an, Sie haben sich auf eine Stelle beworben, die Sie wirklich gerne haben möchten. Ihre Bewerbung wird jedoch abgelehnt. Wenn ich Sie nun ermuntere, Ihre Ablehnung *als Realität* zu akzeptieren, will ich damit nicht sagen, Sie sollten es gut finden, eine Absage bekommen zu haben. Das ist völlig unrealistisch, denn damit Sie die Ablehnung gut finden könnten, müssten Sie der bizarren Überzeugung sein: »Ich bin froh, dass ich für eine Stelle, die ich wirklich gern gehabt hätte, eine Absage bekommen habe.« Ich ermuntere Sie auch nicht, die Ablehnung mit Gleichgültigkeit aufzunehmen. Das wäre ein ins Extrem getriebener Stoizismus. Um der abgelehnten Stellenbewerbung gleichgültig gegenüberzustehen, müssten Sie so etwas glauben wie: »Es macht mir sowieso nichts aus, dass meine Bewerbung abgelehnt wurde.« Das wäre wohl eindeutig eine Lüge!

Die Realität zu akzeptieren heißt in diesem Beispiel vielmehr:

- Sie erkennen die Tatsache an, dass Ihre Stellenbewerbung aus Ihnen erst einmal unbekannten Gründen abgelehnt worden ist;
- Sie verhehlen sich nicht, dass Ihnen diese Situation missfällt, weil sie Ihren Wünschen zuwiderläuft;
- Sie denken darüber nach, ob Sie die Entscheidung des Besetzungsausschusses anfechten sollen oder nicht.

Was den letzten Punkt angeht, beschließen Sie vielleicht, mit einem Mitglied des Bewerbungsausschusses zu sprechen, um die Gründe für Ihre Ablehnung zu erfahren. Wenn Ihnen ein Grund angegeben wird, den Sie für unfair halten, könnten Sie den Ausschuss bitten, seine Entscheidung zu überdenken. Damit versuchen Sie, die Bedingungen zu verändern, die hier gegeben waren und die letztlich zur Ablehnung Ihrer Bewerbung führten. Doch nur, weil Sie versuchen, diese Bedingungen zu verändern, heißt das nicht schon, dass Sie Erfolg haben werden. Wahrscheinlicher ist, dass Ihnen die Gründe für die Entscheidung des Besetzungsausschusses nicht mitgeteilt werden oder – falls Ihnen gesagt wird, warum die Ablehnung erfolgte – es Ihnen nicht gelingt, den Ausschuss zu einem Überdenken der Entscheidung zu bewegen.

Ein Akzeptieren der Realität beinhaltet also drei wesentliche Schritte:

- Sie erkennen an, dass die Situation existiert und dass erst einmal alle Bedingungen dafür gegeben sind;
- Sie erkennen an, dass die existierende Situation Ihren Wünschen widerspricht und dass sie Ihnen missfällt;
- Sie entscheiden sich für oder gegen den Versuch, die Situation durch konstruktives Handeln zu verändern.

Falls Ihre Versuche, die Situation zu beeinflussen, fehlschlagen sollten, hieße ein Akzeptieren der Realität im Übrigen dann auch, anzuerkennen, dass Ihre Bemühungen um eine Veränderung der Situation nicht erfolgreich waren und dass dies ebenfalls bedauerlich ist.

Jeder Mensch trägt eine ganze Fülle von Wünschen mit sich herum. Einige Ihrer Wünsche werden nur schwach, andere mäßig oder stark ausgeprägt sein. Als Faustregel kann gelten: Je stärker Ihr Wunsch ist, desto schlechter werden Sie sich fühlen, wenn aus Ihrem Wunsch nichts wird. Normalerweise wird es Ihnen besonders schwer fallen, den oben geschilderten drei Schritten zu folgen, wenn Ihre starken Wünsche nicht erfüllt werden. Es mag Ihnen dann leichter erscheinen, sich in einem Prozess der »Dramatisierung« zu verausgaben.

Die Lebensphilosophie der *Dramatisierung* beinhaltet die folgenden Schritte. Erstens kommen Sie ganz rational zu dem Schluss, dass es schlecht ist, dass Ihr Wunsch nicht erfüllt wurde. Zweitens hegen Sie die ungesunde Überzeugung, dass diese Situation absolut nicht existieren dürfte. Drittens folgern Sie aus dem Umstand, dass etwas geschehen ist, was absolut nicht hätte geschehen dürfen, dass es nicht nur schlecht ist, sondern mehr als 100 Prozent schlecht ist. Es ist buchstäblich schrecklich, entsetzlich und überhaupt der Weltuntergang.

Diese Philosophie der Dramatisierung ist fast immer eine stark übertriebene negative Beurteilung. Sie beginnen damit, negative Ereignisse auf einer Skala von 0 bis 99,9 Prozent allen

Übels einzuordnen. Dann erfinden Sie eine vollkommen neue Skala des Schreckens, die von 101 Prozent bis ins Unendliche geht. Wenn Sie der Lebensphilosophie der Dramatisierung anhängen, glauben Sie in diesem Augenblick, dass nichts schlechter sein kann. Wenn Sie aber Abstand nehmen und einen Moment lang darüber nachdenken, werden Sie sehr schnell merken, wie lächerlich das ist. Sie verlieren buchstäblich den Sinn für Verhältnismäßigkeit, wie man so sagt.

Um von einer solchen Tendenz, buchstäblich alles und jedes zu dramatisieren, loszukommen, müssen Sie die Überzeugungen infrage stellen, die diese Lebensphilosophie ausmachen. Als Erstes müssen Sie sich fragen, welche Anhaltspunkte eigentlich für Ihre Überzeugung sprechen, der zufolge dieses negative Ereignis absolut nicht existieren darf. Sie werden hoffentlich einsehen können, dass dann, wenn etwas existiert, offensichtlich alle Bedingungen für seine Existenz erfüllt sind. Wenn Sie nun verlangen, dass es absolut nicht existieren darf, gelingt es Ihnen nicht, die Realität zu akzeptieren. Im Grunde genommen fordern Sie, dass die Realität eben nicht Realität sein soll, dass das, was existiert, auf gar keinen Fall existieren darf. Genauso »vernünftig« wäre es, zu fordern, dass zwei Teile Wasserstoff in der Mischung mit einem Teil Sauerstoff auf gar keinen Fall Wasser ergeben dürfen. Sie werden aber einsehen, dass Wasser dann existiert, wenn man H_2 mit Sauerstoff O_2 versetzt, weil alle Bedingungen erfüllt sind, um Wasser zu erzeugen. Unter diesen Voraussetzungen hat die Forderung, $2H_2$ plus O_2 solle kein Wasser ergeben, keinerlei Wirkung auf das Zustandekommen von Wasser. Ebenso wird der Glaube daran, etwas ungeschehen machen zu können, wenn Ihnen beispielsweise eine Stellenabsage erteilt worden ist, diese Stellenabsage nicht schon von sich aus in ein Stellenangebot umwandeln. Sie werden sogar umso verstörter sein, je mehr Sie einfordern, diese Situation dürfe absolut nicht existieren. Und wenn Sie sich dann dazu entschließen, die Situation verändern zu wollen, während Sie gefühlsmäßig von derart falschen Vorstellungen ausgehen, dann werden Sie die Dinge nur noch schlimmer machen, indem Sie zum Beispiel den Besetzungsausschuss durch Ihre unnachgiebige Haltung gegen sich aufbringen, was dessen Mitglieder nicht günstig stimmen wird, Ihnen fair Gehör zu schenken.

Zweitens müssen Sie Ihre Idee auf den Prüfstand stellen, der zufolge die Situation, die Ihnen so missfällt, ein Übel von 100 Prozent übertrifft. Dr. Albert Ellis, der Begründer der so genannten rational-emotiven Verhaltenstherapie, hielt vor vielen Jahren einen Vortrag über den Hang zur Dramatisierung und behauptete darin, von einer Dampfwalze überrollt zu werden sei ein Übel von 100 Prozent, insofern nichts schlimmer sein könne. Ein Teilnehmer aus dem Publikum meldete sich und korrigierte rasch: »Dr. Ellis, das Überrolltwerden durch eine Dampfwalze ist kein Übel von 100 Prozent, weil Sie von der Dampfwalze auch sehr langsam überrollt werden könnten!«

Mein amerikanischer Kollege Dr. Tom Miller hat sich eine neue Methode einfallen lassen, um die Menschen anzuregen, ihre Dramatisierungsgewohnheit zu überdenken. Nehmen wir einmal an, Sie halten die Ablehnung auf die von Ihnen gewünschte Arbeitsstelle für furchtbar, das heißt mehr als 100 Prozent von Übel. Dr. Miller würde Ihnen nun raten, eine andere Skala zu entwickeln, mit deren Hilfe Sie das Übel Ihrer Stellenabsage einem Vergleich unterziehen können. Der Verlust aller vier Körperglieder soll um des Argumentes willen einem Übel von 100 Prozent entsprechen, könnte sein Vorschlag lauten. Dann würde er Sie auffordern, weniger gravierende Situationen einzustufen: Die Amputation dreier Glieder entspräche vielleicht 90 Prozent, die Amputation von zwei Gliedern 80 Prozent, der Verlust eines Gliedes 70 Prozent und so fort bis zu einer Situation, wo Sie eine bleibende Narbe auf Ihrem Gesicht als 5-prozentiges Übel und eine abheilende Narbe als 1-prozentiges Übel beurteilen. Dann würde er Sie fragen, ob Ihre Stellenabsage so schlimm sei wie die Amputation von vier Gliedern? Sei sie so schlimm wie der Verlust von drei Gliedern? Vielleicht von zwei Gliedern? Oder einem? Ich habe diese Technik bei vielen Menschen angewendet und nur sehr wenige von ihnen würden ein Stellenangebot mit einer bleibenden Narbe auf ihrem Gesicht erkaufen wollen. Obwohl diese Technik auf den ersten Blick ziemlich befremdlich wirken mag, hilft sie tatsächlich, die Dinge lebendig und anschaulich in eine angemessene Perspektive zu rücken.

Ich hoffe, ich habe Ihnen die Botschaft nahe bringen können, dass Sie eine stark übertrieben negative Beurteilung vornehmen, wenn Sie etwas als furchtbar bewerten, das zwar sicherlich schlecht ist, aber nicht annähernd so schlimm ist, wie Sie glauben, wenn Sie unter dem Einfluss Ihrer Philosophie der Dramatisierung stehen.

Es gibt natürlich sehr negative Ereignisse, die auf jeder erdenklichen Skala des Übels sehr hoch anzusetzen wären. Doch persönliche Tragödien ereignen sich nun einmal: Sie können tatsächlich ein Körperglied verlieren; Sie können tragischerweise eine geliebte Person durch den Tod oder sogar durch einen gewaltsamen Tod verlieren; Sie können all Ihre Habe und Ihr Haus durch einen Brand verlieren. Ich möchte Ihnen ganz gewiss nicht einreden, den tragischen Charakter dieser Ereignisse herunterzuspielen. Aber so sehr wir uns auch eine Welt wünschen mögen, in der solche Tragödien nicht passieren, so wird doch aller Wahrscheinlichkeit nach eine derartige Welt nie existieren. Unter diesen Voraussetzungen bedeutet ein Akzeptieren der Realität, (a) dass Ihnen tragische Ereignisse widerfahren können und tatsächlich widerfahren; (b) dass Sie gegen solche tragischen Unglücksfälle nicht immun sind; und (c) dass Tragödien sehr schlecht sind und eine bleibende Wirkung auf Sie haben können. Schließlich bedeutet es aber auch, dass Sie dann, wenn Sie Ihrer Tragödie mit einer dramatisierenden Haltung begegnen, eigentlich fordern, dass Ihnen derartige Tragödien nicht passieren *dürfen*. Aber gibt es irgendein Gesetz im Universum, dass Ihnen vor solchen Tragödien eine schützende Immunität verleiht? Ich denke, Sie werden verstehen, dass Sie keine persönliche Immunität vor tragischen Ereignissen, wie ich sie angedeutet habe, bewahrt. Daher ist es sehr wichtig, dass Sie auch im Falle einer Tragödie mit ihrem starken, negativen Gefühl der Traurigkeit, die eine gesunde Reaktion ist, nicht noch zusätzlich zu einer seelischen Störung beitragen. Ich möchte Tragödien auf keinen Fall beschönigen, ich möchte Sie nur ermutigen, die tragische Natur der Realität zu akzeptieren und davon abzusehen, tragischen Ereignissen mit einer dramatisierenden Haltung zu begegnen. Wir leben nun einmal unleugbar in einer Welt, in der sich Tragödien ereignen.

Ich muss Sie überdies daran erinnern, dass wir auch in einer Welt leben, in der Ungerechtigkeiten existieren; und wie wenig Sie auch eine unfaire Behandlung verdienen mögen, Sie sind gleichwohl nicht davor geschützt. Um die Realität von Ungerechtigkeiten akzeptieren zu können, sind die folgenden Schritte notwendig. Erstens müssen Sie den Anspruch aufgeben, dass eine Ungerechtigkeit gegen Sie einfach nicht existieren darf, weil Sie es nicht verdienen, unfair behandelt zu werden. Zweitens müssen Sie anerkennen, dass die Bedingungen, die zu der Ungerechtigkeit führten, zu dem betreffenden Zeitpunkt leider tatsächlich existierten, und zwar in einem empirischen Sinne genauso existiert haben müssen, wie $2H_2 + O_2$ notwendig Wasser ergeben. Drittens müssen Sie die Ungerechtigkeit nach einer realistischen Skala aller Übel einschätzen, wobei Sie bedenken müssen, dass 95 Prozent und darüber den Tragödien entsprechen, auf die ich bereits hingewiesen habe, oder einer Amputation von drei oder vier Gliedmaßen gleichzusetzen sind. Viertens müssen Sie versuchen, die unfaire Situation zu ändern, falls das möglich ist, oder Sie müssen sie anstandslos akzeptieren; sie muss Ihnen aber nicht gefallen, auch wenn Sie sie nicht verändern können.

Es ist eine Binsenweisheit, dass wir in einer Welt leben, die dauerndem Wandel unterworfen ist. Selbst wenn Sie dies lesen, befinden Sie sich in einem Wandlungsprozess, sind Sie im Fluss. Auch andere Menschen verändern sich ständig und das Gleiche gilt für Ihre Beziehungen. Wenn Sie an sich selbst, an andere

Menschen und die Welt, in der Sie leben, die Forderung richten, sie sollten immer gleich bleiben und ein Wandel dürfe nicht stattfinden, halten Sie an einer Lebensphilosophie fest, die die Realität nicht akzeptiert. Eine derartige Philosophie wird kein Jota an der Tatsache ändern, dass Wandel weiter stattfinden wird. Wandel vollzieht sich, ob Sie nun wollen, dass die Dinge unverändert bleiben, oder nicht. Ist es dann nicht klüger, diese Tatsache zu akzeptieren, ohne sich daran zu stören? Kennen Sie die Geschichte von King Canute? Er glaubte, er sei allmächtig, stellte sich daher der herannahenden Flut entgegen und befahl ihr, sich zurückzuziehen. Und was geschah? King Canutes Füße wurden nass. Weil die Flut hereinströmte und sich keinen Deut darum scherte, ob King Canute ihr befahl, zurückzuweichen.

Möglicherweise weigern Sie sich, die Realität zu akzeptieren, und schaden Ihrer geistigen Gesundheit, indem Sie zusätzlich beanspruchen, Sie müssten in ihrem Leben immer *Gewissheit* haben. Wenn es irgendeine Gewissheit in der Welt gibt, dann die, dass es keine Gewissheit gibt. Warum ist das so? Die Dinge ändern sich, und zwar oft auf eine nicht vorhersehbare Weise. Der Anspruch, Sie müssten in Ihrem Leben immer Gewissheit haben, tut nichts dazu, solche Gewissheit zu erzeugen. Wenn Sie solche Gewissheit verlangen, werden Sie nach wie vor mit der Ungewissheit umgehen müssen, aber Sie tun das dann seelisch wenig angepasst. Ist es da nicht gesünder, zu akzeptieren, dass Ungewissheit eine Grundbedingung des Menschen ist, und sich deswegen nicht zu beunruhigen, selbst wenn Sie der Gewissheit vernünftigerweise den Vorzug geben würden? Natürlich ist es das. Verzichten Sie also auf Ihren Anspruch, dass es Gewissheit geben muss und akzeptieren Sie die Ungewissheit (die Ihnen nicht gefallen muss).

Es könnte sein, dass Sie Lebensereignisse gern klar bilanziert haben möchten. Wenn das so ist, gehören Sie zu den Personen, die dazu neigen, Ereignisse in zwei Kategorien, nämlich entweder schwarz oder weiß, einzuteilen. Leider sind die Welt und die Lebensbedingungen weit weniger klar geordnet, als es diese beiden Kategorien zulassen. Den vielschichtigen Charakter von Lebenserfahrungen kann man nicht in zwei säuberlich voneinander geschiedene Schemata pressen. Wenn Sie das tun wollen, ergeht es Ihnen womöglich wie den Gästen des Prokrustes. Prokrustes besaß das Gegenstück zu einem modernen Hotel und bestand darauf, dass seine Gäste einen angenehmen Nachtschlaf haben sollten. Er meinte, dazu müssten sie haargenau in sein Bett passen, sonst hätten sie es nicht wirklich bequem. Was machte Prokrustes also? Er schnitt die Beine derjenigen kürzer, die für sein Bett zu lang waren, und streckte die Körper derjenigen, die für sein Bett zu kurz waren. Wenn Sie nun fordern, die Dinge müssten unzweideutig und klar geordnet sein, denken und handeln Sie wie Prokrustes. Bedauerlicherweise sind Sie es selbst, der darunter leidet. Die Welt wird nicht deshalb eindeutig schematisierbar, nur weil Sie sie so haben wollen.

Eine andere Haltung, mit der Sie die Realität nicht akzeptieren und die ebenfalls alles andere als gut tut, ist der unbedingte Anspruch, Recht zu haben. Mit einer derartigen Überzeugung glauben Sie, dass es nur die *eine* richtige Art zu handeln, die *eine* korrekte Einstellung zu einer Sache oder *eine* richtige Perspektive auf die Dinge gibt und dass andere Menschen Ihre Sicht zu teilen haben. Diese Haltung wird Ihnen häufig erhebliche Schwierigkeiten mit anderen Menschen einbringen, denn Sie finden es unerträglich, wenn andere Menschen anderer Meinung sind, und können es nicht hinnehmen, dass es zu einer Frage verschiedene gültige Meinungen geben kann. Eine solche dogmatische Haltung ist in ihrem Extrem die Wurzel von Fanatismus und Terrorismus.

In der Realität lässt sich das Leben nicht in solche klar geschnittenen Kategorien von richtig und falsch einteilen. Dieselbe Problematik kann immer aus verschiedenen Blickwinkeln betrachtet werden. Die Menschen können zu ein und demselben Ereignis also verschiedene, gleichermaßen berechtigte Sichtweisen einnehmen. Kurz gesagt, im Universum herrscht Pluralismus, und es ist fraglos so, dass in den meisten Bereichen menschlichen Strebens keine allgemein gültigen Auffassungen existieren. Um solcherart Pluralismus zu akzeptieren, dürfen Sie durchaus Ihre ganz bestimmte Auffassung haben, sollten es aber ebenso für richtig halten, dass andere Menschen auch anderer Ansicht sein können. Wenn Fanatiker und Terroristen diesem Grundsatz folgen könnten, würde die Welt um einiges sicherer sein.

Um die Realität zu akzeptieren, müssen Sie sich letztlich eine nichtutopische Einstellung zu Eigen machen. Diese beinhaltet das Eingeständnis, dass es in der Welt nicht immer gut zugehen wird. Sie vermeiden damit einen naiven Optimismus, der Sie davon ausgehen lässt, dass die Zukunft ohne jeden Zweifel glänzend sein wird und nicht das kleinste Wölkchen den Horizont trüben wird. Sie vermeiden andererseits eine übertrieben pessimistische Sicht auf die Zukunft, die Sie davon ausgehen lässt, dass sich die Dinge zwangsläufig negativ entwickeln müssen und dass sich keine positiven Entwicklungen am Horizont abzeichnen werden. Wenn Sie sich zu einer nichtutopischen Philosophie bekennen, werden Sie sich auf die positiven Aspekte der Realität konzentrieren und versuchen, diese zu maximieren, doch Sie werden die negativen Aspekte der Realität ebenfalls zur Kenntnis nehmen und versuchen, diese zu minimieren. Eine nichtutopische Einstellung ist sich bewusst, dass die Welt nicht nur gut oder nur schlecht, sondern eine Mischung aus beidem ist.

Schritt 4

Entwickeln Sie eine Philosophie hoher Frustrationstoleranz

Als Mensch stehen Sie ständig vor der Aufgabe, Entscheidungen zu treffen, die für Ihre kurzfristigen und langfristigen Interessen Folgen haben. Wenn Sie eine Entscheidung treffen, die Ihnen hilft, sowohl Ihren kurzfristigen als auch Ihren langfristigen Interessen gerecht zu werden, haben Sie normalerweise überhaupt keine Schwierigkeiten mit der Entscheidung. Die Probleme fangen dann an, wenn Ihre kurzfristigen Interessen mit ihren langfristigen Interessen in Konflikt geraten. Ich denke, zur geistigen Gesundheit gehört, dass man sich um eine konstruktive Ausgewogenheit zwischen den kurzfristigen und den langfristigen Zielen bemüht. Wenn Sie die Erfüllung Ihrer kurzfristigen Ziele andauernd zugunsten der Verfolgung langfristiger Ziele aufschieben, werden Sie möglicherweise nur sehr wenig Freude im Leben haben. Wenn Sie dagegen ständig bemüht sind, Ihren kurzfristigen Zielen zu entsprechen, und Ihre langfristigen Ziele vernachlässigen, werden Sie sich augenblicklich vielleicht wohl fühlen, aber häufig zu dem Schluss kommen, dass Ihr Leben ziemlich oberflächlich und uninteressant ist. Das Bestreben, zwischen Ihren kurzfristigen und langfristigen Zielen ein vernünftiges Gleichgewicht herzustellen, gibt Ihnen das Gefühl, dass Sie persönlich sinnvolle Ziele verfolgen, und sorgt für ein angemessenes Niveau unmittelbaren Wohlbefindens.

Mit zwanzig Jahren Erfahrung aus therapeutischer Beratung weiß ich, dass es für viele Menschen zu den schwersten Aufgaben gehört, auf ihre langfristigen Ziele hinzuarbeiten, während sie sich kurzfristig mit Unbequemlichkeit abfinden müssen. Warum ist es für uns so schwierig, auf sofortiges Vergnügen oder unmittelbare Bequemlichkeit zu verzichten, wenn uns das doch dazu verhilft, unser Leben zu bereichern oder intensiver zu gestalten? Der Hauptgrund dafür ist, dass wir in unserem Handeln häufig einer Philosophie der niedrigen Frustrationstoleranz folgen (NFT).

Eine NFT kann sich folgendermaßen äußern:

- Sie schieben die Erledigung von Dingen oft hinaus;
- Sie haben eine undisziplinierte Lebensführung;
- Sie schaffen es oft nicht, bei Aufgaben durchzuhalten, bei denen es in Ihrem ureigensten Interesse läge, Ausdauer zu zeigen;
- Sie strengen sich besonders an, um den mühseligen Dingen des Lebens aus dem Weg zu gehen, obwohl sich Ihnen mehr Möglichkeiten im Leben eröffnen würden, wenn Sie sich mit diesen Unannehmlichkeiten befassen würden.

Vielleicht stellen Sie fest, dass sich Ihre unbezahlten Rechnungen stapeln, weil Sie sie beiseite schieben – nach dem Motto »Aus den Augen aus dem Sinn«. Falls Sie eine NFT haben, bemerken Sie möglicherweise auch, dass Sie nach schnellen Betäubungen für Ihre Probleme suchen: Sie essen zu viel, Sie rauchen zu viel, Sie trinken zu viel, Sie treiben zu viel Glücksspiel, oder Sie versuchen, Ihre gedrückte Stimmung beim Einkaufen loszuwerden.

Sollten Sie sich in dieser Beschreibung wiedererkennen, stecken Sie höchstwahrscheinlich in der »Bequemlichkeitsfalle«, wie Jack Gordon und ich es genannt haben. Wenn Sie in der Bequemlichkeitsfalle stecken, können Sie darauf wetten, einer Lebensphilosophie anzuhängen, die von niedriger Frustrationstoleranz geprägt ist. Welche maßgeblichen Überzeugungen sind typisch für Menschen, die sich von dieser kontraproduktivsten aller Lebensphilosophien leiten lassen?

Niedrige Frustrationstoleranz und daraus resultierende Glaubenssätze

»Ich darf nicht frustriert sein«

Die erste kontraproduktive Überzeugung ist die Idee, Sie dürften auf gar keinen Fall frustriert sein. Es wäre ganz entsetzlich, wenn Sie in Ihrem Leben eine Frustration erleben müssten, denn es wäre für Sie nicht zu ertragen. Wenn Sie davon überzeugt sind und sich der Frustration stellen müssen, ist Ihr erster und oft einziger Gedanke, die Frustration möglichst schnell loszuwerden, wofür Ihnen fast jedes Mittel recht ist, ohne Rücksicht darauf, dass dies Ihre spätere Frustration möglicherweise noch verstärken wird. Da Ihre einzige Sorge dem Problem gilt, sich *hier und jetzt* von der Frustration zu befreien, kümmert es Sie nicht wirklich, dass Sie sich in eine Lage bringen, die Ihnen mehr Ärger für die Zukunft verheißt.

»Ich muss es jetzt bequem haben«

Eine zweite Überzeugung, die mit der ersten zusammenhängt, ist die Idee, dass Sie es momentan bequem haben müssen, und wenn es Ihnen unbehaglich sein sollte, so wäre das ganz und gar unerträglich. Sollten Sie auf diese Idee fixiert sein, werden Sie einen einmal erreichten Zustand der Behaglichkeit mit Zähnen und Klauen verteidigen. Sie werden ganz gewiss nicht dazu bereit sein, sich vorübergehend einer Unbequemlichkeit auszusetzen, selbst wenn das in Ihrem eigenen Interesse läge.

Stellen Sie sich einmal vor, Sie sitzen in einem sehr bequemen Sessel und Sie wissen, im angrenzenden Raum wartet ein Stapel Geschirr darauf, von Ihnen gespült zu werden. Wenn Sie davon ausgehen, dass Sie sich jetzt unbedingt behaglich fühlen müssen, wird man wahrscheinlich Himmel und Hölle in Bewegung setzen müssen, um Sie aus Ihrem gemütlichen Sessel herauszuholen. Sie werden erst in Gang kommen, sobald es für Sie aus irgendeinem Grund ungemütlicher werden wird, den Abwasch nicht zu erledigen. Sie glauben dann zwar immer noch, dass Sie es jetzt eigentlich bequem haben sollten, nur verhält es sich jetzt so, dass plötzlich die Erledigung des Abwaschs Ihrem Prinzip, es immer bequem zu haben, nutzt. Wenn Sie ein derartiges Bedürfnis nach Bequemlichkeit haben, werden Sie ständig motiviert sein, nach der für Sie angenehmsten Möglichkeit zu suchen, obwohl Sie das auf lange Sicht in größere Schwierigkeiten bringen wird.

»Ich darf keine negativen Gefühle erleben«

Wenn Sie glauben, Sie dürften keine negativen Gefühle erleben, denn anderenfalls wäre das Leben nicht zu ertragen, werden sehr wahrscheinlich zwei Dinge geschehen. Erstens werden Sie sich besonders anstrengen, um Situationen zu vermeiden, in denen Sie voraussichtlich negative Gefühle haben werden, obwohl diese negativen Gefühle durchaus gesund sein können und obwohl später größere Zufriedenheit entstehen kann, wenn Sie diese negativen Gefühle bei sich zulassen. Sollten Sie aber negativen Gefühlen immer ausweichen oder versuchen, sie zu vermeiden, werden Sie ein sehr eingeschränktes Leben führen. Gedanken wie »Wenn die Welt doch nur ein netterer Ort wäre und wenn die Leute ein wenig netter zu mir wären, dann würde ich mich auch hinauswagen«, wären Ihr ständiger Begleiter. Weil Sie der Meinung sind, Sie könnten negative Gefühle nicht aushalten, werden Sie nicht bloß vor gesunden Risiken zurückscheuen, Sie werden auch das Ausmaß des Negativen überschätzen, das Sie in der Welt vorfinden. Außerdem kommt Ihnen nie der Gedanke, dass es sehr wohl möglich ist, sich negativen Ereignissen zu stellen und sie durchzustehen. Ihr einziger Gedanke ist, nichts Negatives erleben zu müssen.

Zweitens wird Ihre NFT gegenüber negativen Gefühlen möglicherweise den Schmerz verstärken, den Sie dann empfinden, wenn sich die negativen Gefühle nicht mehr vermeiden lassen.

Normalerweise ist das der Fall, wenn in diese Vorstellung ängstliche Gefühle eingehen. Sie glauben dann, Sie dürften nicht ängstlich sein und es wäre entsetzlich, wenn Sie ängstlich wären, denn Sie könnten es einfach nicht ertragen, Angst haben zu müssen. Und diese »Angst vor der Angst« wird, wenn sie sich einstellt, Ihre Angst in blinde Panik steigern.

»Ich muss mich gut fühlen«

Der vierte große Glaubenssatz der NFT lasst sich so formulieren: »Ich muss mich gut fühlen. Falls das nicht so ist, wäre das schrecklich und das Leben gänzlich unerträglich.« Sollten Sie so denken, wird Ihr Leben von einem selbstzerstörerischen Muster geprägt sein. Erstens können Sie von einem der zahllosen Genussstoffe oder von Tätigkeiten abhängig werden, die Menschen mit einer suchtanfälligen Persönlichkeit charakterisieren. Sie versuchen möglicherweise, sich ein gutes Empfinden zu verschaffen, indem Sie viel Alkohol trinken, Unmengen Schokolade essen oder Marihuana, Heroin oder Kokain konsumieren. Sie können dem Glücksspiel verfallen oder holen sich Ihre Kicks durch unablässiges Einkaufen. Allerdings bringt dies alles das Problem mit sich, dass die positiven Wirkungen nicht lange anhalten. Kurze Zeit nachdem die Wirkungen der letzten Dosis nachgelassen haben, brauchen Sie eine weitere Dosis des »angenehmen« Stoffes oder der »Laune machenden« Tätigkeit. Wenn Sie die fixe Idee, wonach Sie immer irgendein Vergnügen haben müssen, nicht erkennen und nicht hart daran arbeiten, sich von ihr zu lösen, kann es Sie wirklich umbringen.

Aus der Überzeugung, Sie müssten sich jederzeit gut fühlen, lässt sich auch ein weniger gefährlicher Lebensstil entwickeln; so können Sie beispielsweise rasch und andauernd gelangweilt sein. Wenn Sie einzig und allein gute Gefühle erleben wollen, werden Sie sich sogar bei angenehmen Aktivitäten auf die negativen Aspekte konzentrieren. Simon zum Beispiel ist jemand, der gern Tennis spielt, glaubt aber, er dürfe in seinem Leben nur Spaß haben. Bevor er auf den Tennisplatz geht, ist er begeistert, weil er sich ein falsches Bild davon macht, wie gut es ihm tun wird. Seine Begeisterung schwindet allerdings bald, denn obwohl ihm Tennis Spaß macht, sind bestimmte Frustrationen mit dem Spiel verbunden. Wenn er nicht gegen jemanden spielt, dessen Können leicht über seinem Niveau liegt, und besonders dann wenn sein Gegner weniger talentiert ist als er selbst, langweilt er sehr sich schnell. Spielt er gegen jemanden, der talentierter ist als er selbst, lässt er sich ebenfalls rasch entmutigen, weil er leicht zu schlagen ist. Außerdem wird Simon durch die Tatsache ernüchtert, dass er die Tennisbälle aus dem Netz einsammeln muss, und er ist schnell frustriert, wenn ihm sein Gegner den Ball nicht punktgenau zuwirft, sobald er selbst mit dem Aufschlag dran ist. Leute wie Simon können wirklich nie zufrieden sein, weil selbst mit den angenehmsten Tätigkeiten einige frustrierende Aspekte verbunden sind. Die Simons dieser Welt konzentrieren sich aufgrund ihrer Einstellung auf genau diese negativen Aspekte, fordern, es solle sie nicht geben, übertreiben sie in ihrer eigenen Vorstellung und bringen sich um ihre Zufriedenheit.

Aufschieben

Ich hoffe, Sie durchschauen nun, dass Sie zum Aufschieben von Dingen neigen werden, wenn Sie eine der vier erwähnten Überzeugungen haben – ich darf nicht frustriert sein; ich muss es jetzt bequem haben; ich darf keine negativen Gefühle erleben; ich muss mich durchweg gut fühlen. Aufschieben bedeutet konkret, dass Sie etwas auf morgen verschieben, was Sie besser heute tun sollten. Wenn Sie Dinge aufschieben, sind Sie sehr geschickt im Erfinden guter Gründe, um die Arbeit, die Sie eigentlich heute tun müssten, nicht in Angriff nehmen zu müssen. Wenn Sie sich selbst gegenüber aufrichtig sind, werden Sie feststellen, dass diese »guten Gründe« Entschuldigungen oder

Rationalisierungen sind. Einige dieser Rationalisierungen lauten folgendermaßen:

1. *Um mit der Arbeit anfangen zu können, muss ich in der rechten Stimmung dafür sein.* Das ist ganz offensichtlich nicht richtig, denn häufig können Sie mit der Arbeit anfangen, ohne die Stimmung dafür zu haben, und kommen durch das Arbeiten selbst in Stimmung!
2. *Ich muss unter Druck stehen oder angespannt sein, um arbeiten zu können.* Auch das ist nicht wahr. Wenn Sie die Arbeit hinauszögern, kann es tatsächlich so sein, dass Sie erst dann arbeiten, wenn Sie unter Druck sind, weil es an irgendeinem Punkt unbequemer für Sie wird, etwas weiter aufzuschieben, als die Arbeit zu tun. Daraus folgt jedoch keineswegs, dass Sie nur dann mit der Arbeit anfangen zu können, wenn Sie angespannt sind oder unter Druck stehen. Wenn Sie mit der Arbeit früher beginnen würden und dann nicht so unter Druck stünden, hätten Sie mehr Zeit für kreative Gedanken und könnten eine bessere Arbeit abliefern.

Wenn Sie Dinge aufschieben, tun Sie das vielleicht auch deshalb, weil das Hinauszögern automatisch eine Entschuldigung enthält. Wenn Sie sich selbst nicht genug Zeit einräumen, um eine Aufgabe abzuschließen, und Sie diese nicht sehr gut hinkriegen, können Sie die schlechte Leistung immer der Tatsache anlasten, dass Sie nicht genug Zeit dafür hatten. Das erspart Ihnen die Einsicht, dass Ihr Wissen oder Können eventuell Lücken aufweist, die Sie eigentlich schließen müssen. Da Sie sich mit Ihren Entschuldigungen vor solchen bedrohlichen Informationen schützen, lernen Sie selten aus Ihren Erfahrungen.

Steigern Sie Ihre Frustrationstoleranz

Was müssen Sie tun, um das Niveau Ihrer Frustrationstoleranz zu steigern und eine geistig gesündere Existenz zu führen?

Wenn es darum geht, eine Lebensphilosophie hoher Frustrationstoleranz zu entwickeln, ist es unerlässlich, zuerst die Vorstellungen in Frage zu stellen, aus denen die Philosophie der NFT besteht. Zu diesem Zweck müssen Sie sich bewusst machen, wann Sie Frustration vermeiden, wann Sie nach Bequemlichkeit suchen, wann Sie Situationen vermeiden, in denen Sie sich schlecht fühlen könnten, oder wann Sie sich mit kontraproduktiven Aktivitäten beschäftigen, um sich augenblicklich wohl zu fühlen.

Im nächsten Schritt suchen Sie dann nach Einstellungen des folgenden Typs:

- »Ich darf nicht frustriert sein«;
- »Ich muss es bequem haben«;
- »Ich darf keine negativen Gefühle erleben«;
- »Ich muss mich jetzt gut fühlen«.

Dann müssen Sie diese Einstellungen immer wieder anfechten, indem Sie sich drei Fragen stellen. Zuallererst die Frage: »Wird mich diese Lebensphilosophie dazu bringen, ein gelungeneres, geistig gesünderes Leben zu führen, oder wird sie mir im Hinblick auf mich selbst und meine Mitmenschen Schwierigkeiten bereiten? Wird sie meine langfristigen Ziele unterstützen oder untergraben?« Ich habe Ihnen hoffentlich zeigen können, dass Vorstellungen und Handlungsweisen, die mit einer niedrigen Frustrationstoleranz einhergehen, auf lange Sicht fast zwangsläufig zu schlechten Ergebnissen führen.

Zweitens müssen Sie sich fragen: »Gibt es ein Gesetz in diesem Universum, das beweist, dass mir Frustration, Unbehagen und negative Gefühle erspart bleiben müssen, oder das beweist, dass die Lebensbedingungen so geregelt sein müssen, dass ich mich gut fühle?« Derartige Gesetze existieren allein in Ihrer Einbildung, das Universum gehorcht diesen Vorstellungen nicht. Wenn sich das Universum tatsächlich nach Ihren Forderungen richten würde, dann bliebe Ihnen Frustration immer erspart, Sie hätten es ständig bequem, Sie würden sich nie schlecht fühlen müssen, Sie würden sich nur prima fühlen, und alle negativen Folgen, mit denen diese Zustände erkauft wären, blieben Ihnen ebenfalls erspart. Leider richtet sich die Welt nicht nach Ihren Wünschen, und solange Sie meinen, dass Ihnen Frustrationen usw. erspart bleiben müssen, werden Sie sich selbst schaden. Halten Sie ruhig an Ihren gesunden Präferenzen fest, Frustration zu vermeiden, Bequemlichkeit zu genießen und so fort, und streben Sie solche Zustände vernünftigerweise an. Denken Sie aber daran, dass Sie bei der Umsetzung von kurzfristigen und langfristigen Zielen zu einem ausgewogenen Kompromiss kommen müssen.

Schließlich müssen Sie sich fragen: »Folgt daraus, dass ich es vorziehe, nicht frustriert zu sein, logischerweise schon, dass ich auf gar keinen Fall frustriert sein darf?« Allein ein kurzes Nachdenken wird Ihnen sagen, dass das keine sonderlich logisch gedachte Schlussfolgerung ist: Mussvorstellungen gehen nicht logisch aus Präferenzen hervor.

Sie müssen die alten Ideen immer wieder von neuem mit Fragezeichen versehen und vor allem müssen Sie sich an Ihren neuen, gesunden und flexiblen Überzeugungen orientieren. Während Sie also die Vorstellung infrage stellen, wonach Sie nicht frustriert sein dürfen, sollten sie sich gleichzeitig mit dem Gedanken anfreunden, dass man Ziele, die einem etwas bedeuten, nur so erreicht. Es gibt kein Gesetz, das besagt, Sie dürften nicht frustriert sein. Frustrationen zu erleiden gehört zum Leben. Diese Einsicht wird Ihnen helfen, Problemlösungen für den Ausweg aus einer frustrierenden Situation zu finden, sofern das möglich ist.

Die Erhöhung des Niveaus der Frustrationstoleranz beinhaltet ein Paradox. Denn der Vorsatz, die Philosophie niedriger Frustrationstoleranz abzulegen und eine Philosophie hoher Frustrationstoleranz zu erwerben, ist selbst ein frustrierendes und beschwerliches Vorhaben. Aber wenn Sie sich selbst beweisen, dass es sich lohnt, die Sache durchzustehen, können Sie es schaffen.

Anfechtung der Philosophie des »Ich ertrage es nicht«

Die zweite bedeutende Vorstellung, auf die Sie sich konzentrieren und die Sie ändern müssen, ist die Vorstellung, dass Frustrationen, Unbehagen, negative Gefühle und das Fehlen guter Gefühle unerträglich und von Ihnen nicht zu verkraften sind. Dieses »Ich halte es nicht aus!« bedeutet letztlich zweierlei. Erstens bedeutet es, dass Sie buchstäblich tot umfallen werden, wenn Sie zum Beispiel die Erfahrung einer Frustration machen müssen. Zweitens bedeutet es, dass Sie in Ihrem ganzen Leben nie wieder glücklich sein können, wenn die Frustration zugelassen wird und nicht umgehend aus der Welt geschafft werden kann. Sie werden allerdings zugeben müssen, dass solche Situationen, wenn es sie denn gibt, höchst selten sind und dass Sie das, wovon Sie glauben, Sie halten es nicht aus, durchaus ertragen können.

Sie müssen sich zu Ihrer Lebensphilosophie des »Ich halte es nicht aus« dieselben drei Fragen stellen wie zu ihrer Lebensphilosophie der Anspruchsfixiertheit.

Erstens: Hilft Ihnen die Überzeugung, dass Sie Frustrationen nicht ertragen können, Ihr Leben planvoller zu führen, oder sabotiert sie nicht vielmehr Ihr Leben? Fast immer ist das Letztere zutreffend. Zweitens: Gibt es ein Gesetz im Universum, welches besagt, dass Sie Frustration usw. nicht ertragen können? Wenn es das gäbe, wären Sie unter keinen Umständen in der Lage, sie auszuhalten, selbst wenn es darum ginge, das Leben einer geliebten Person zu retten. In diesen Zusammenhang gerückt, wird Ihnen vermutlich klar werden, dass die Idee, Sie könnten keine Frustration ertragen, barer Unsinn ist. Schließlich und drittens können Sie sich noch fragen, ob daraus, dass Frustration unangenehm und schwer zu ertragen ist, logischerweise folgt, dass sie unmöglich zu ertragen ist? Auch das ist eine krass überzogene Verallgemeinerung.

Um Ihre Philosophie des »Ich ertrage es nicht« in eine Lebensphilosophie umzuwandeln, die erklärt: »Ich mag es zwar nicht, kann es aber aushalten«, müssen Sie Ihre zur niedrigen Frustrationstoleranz gehörenden Vorstellungen immer wieder von neuem anfechten und in Ihrem Handeln von Grundsätzen ausgehen, die eine hohe Frustrationstoleranz bewirken, bis Sie sich daran gewöhnt haben. Die Entwicklung einer Philosophie hoher Frustrationstoleranz ist eines der wichtigsten und bedauerlicherweise eines der am meisten vernachlässigten Themen hinsichtlich einer Psychologie geistiger Gesundheit.

Schritt 5

Entwickeln Sie eine gesunde Einstellung zu sich selbst

Es werden viele populäre Psychologiebücher veröffentlicht, die Ihnen helfen sollen, erfolgreichere und einfühlsamere Beziehungen zu Ihren Mitmenschen zu entwickeln. Bei weitem weniger Texte beabsichtigen, Ihnen dabei zu helfen, eine bessere und fürsorglichere Beziehung zu sich selbst zu entwickeln. Und doch wirkt sich die Beziehung, die Sie zu sich selbst haben, häufig auf die Beziehungen aus, die Sie zu anderen und zur Welt insgesamt haben. Der bekannte amerikanische Psychologe Albert Ellis hat das in der Frage ausgedrückt, wie Sie denn erwarten können, mit anderen umgänglich und zufrieden zusammenzuleben, wenn Sie es nicht schaffen, mit sich selbst angenehm und in Frieden zu leben? In diesem Abschnitt des Buches werde ich deshalb all das behandeln, was für eine geistig gesunde Einstellung zu sich selbst wichtig ist.

Selbstakzeptanz

Zuallererst ist wichtig, dass Sie eine Einstellung entwickeln, in der Sie sich selbst akzeptieren. Es wird sicherlich einige von Ihnen überraschen, dass ich gegen das Konzept der Selbstachtung bin. Warum? Wenn Sie Selbstachtung sorgfältig definieren, werden Sie sehen, was ich meine. Zunächst einmal die Frage: Was ist das Selbst? Ich stimme meinem Freund und Kollegen Dr. Paul Hauck zu, der sagt, dass das Selbst aus unseren charakteristischen Eigenschaften, Gedanken, Gefühlen, Verhaltensweisen,

Interessen und anderen Merkmalen zusammengesetzt ist. Um sich Ihrer eigenen Achtung zu vergewissern, was im Grunde genommen bedeutet, dem Selbst eine Gesamteinschätzung zu geben, müssen Sie deshalb alles über sich wissen, von dem Augenblick Ihrer Geburt an bis zu Ihrem Tod. Wie können Sie alle oben erwähnten Aspekte genauestens registrieren, wo es doch Millionen und Abermillionen von ihnen gibt? Und wozu dient es eigentlich, sich selbst einer Gesamteinschätzung zu unterziehen? Können Sie dann in den Himmel kommen oder den Abstieg in die Hölle antreten? Es wird gewiss nicht dazu dienen, Ihre geistige Gesundheit zu verbessern, denn damit Sie für sich selbst eine anerkennenswerte Person sind, müsste alles an Ihnen anerkennenswert sein. Ich denke, Sie werden verstehen, dass das unmöglich zu erreichen ist, da Menschen ihrem Wesen nach fehlbar sind: Wir können Fehler machen und machen auch Fehler, und wir sind eine komplizierte Mischung aus dem Guten, dem Schlechten und dem Neutralen.

Des Weiteren bin ich gegen das Konzept der Selbstachtung, weil sie normalerweise ganz bestimmten Bedingungen unterliegt. Damit meine ich, dass Sie sich selbst als eine anerkennenswerte (oder eine verdienstvolle) Person betrachten, solange bestimmte Bedingungen erfüllt sind. Zu diesen Bedingungen zählen zum Beispiel kompetentes Handeln, die Liebe bestimmter Personen zu gewinnen, moralisches Handeln und so fort. Wenn Sie sich selbst als ein anerkennenswertes (oder verdienstvolles) Individuum ansehen, solange Sie diese Bedingungen erfüllen, sind Sie anfällig dafür, sich unglücklich zu machen, sobald sich die Bedingungen ändern. Wenn Sie also eine anerkennenswerte Person sind, weil Sie moralisch gehandelt haben, folgt daraus, dass Sie eine weniger anerkennenswerte Person sind, wenn Sie weniger moralisch gehandelt haben. Indem Sie das tun, nehmen sie natürlich eine allzu starke Verallgemeinerung vor. Sie fangen mit der vernünftigen und nützlichen Beurteilung einer Ihrer Handlungen an (z.B. »Ich habe unmoralisch gehandelt«) und übertragen sie dann auf Ihre ganze

Persönlichkeit. Zudem verpassen Sie sich damit ein Etikett, das durch eine einzelne Handlung oder selbst durch eine Reihe von Handlungen nicht gerechtfertigt ist.

Wenn Sie sich eine Philosophie der bedingten Selbstachtung zu Eigen machen, werden Sie untergründig weiter verunsichert sein, und zwar auch dann, wenn Sie sich für eine anerkennenswerte Person halten, weil Sie beispielsweise kompetent handeln. Denn damit Sie Ihren Wert wahren, müssen Sie laufend kompetent handeln. Da Sie ein fehlbarer Mensch sind, werden Sie immer wieder Fehler machen und gelegentlich auch weniger kompetent handeln; solange Sie Ihre Selbstachtung an den Vorbehalt kompetenten Handelns knüpfen, werden Sie deshalb für eine unterschwellige Angst und andere seelische Störungen anfällig sein.

Es gibt hauptsächlich zwei Alternativen zur bedingten Selbstachtung, mit denen Sie eine viel größere seelische Stabilität erzielen und die Ihnen helfen, ein psychisch gesünderes Leben zu führen. Die erste Alternative wird als »vorbehaltlose Selbstachtung« bezeichnet. Hierbei halten Sie daran fest, sich selbst eine Gesamteinschätzung zu geben (mit den oben angesprochenen Problemen), mit dem Unterschied jedoch, dass Ihre Selbstachtung auf Bedingungen beruht, die sich nicht ändern werden. So können Sie sich einfach deshalb als eine anerkennenswerte Person betrachten, weil Sie lebendig sind. Wenn Sie dieser Meinung anhängen, werden Sie geistig gesund leben, und falls Sie an ein Leben nach dem Tod glauben, brauchen Sie nur Ihren Entschluss erneuern, sich als anerkennenswert zu betrachten, solange Sie in Ihrem nächsten Leben lebendig sind! Alternativ dazu können Sie sich als anerkennenswert betrachten, solange Sie Mensch sind. Da es sehr unwahrscheinlich ist, dass Sie jemals Vollkommenheit erreichen oder nichtmenschlich oder ein Roboter sein werden, wird dieser Standpunkt ebenfalls funktionieren.

Beide Positionen sind aber philosophisch problematisch. Es könnte jemand kommen und behaupten: »Ich halte Sie für wertlos, weil Sie lebendig sind« oder »Ich halte Sie für wertlos, weil Sie ein Mensch sind«. Ihr Entschluss, sich als anerkennenswert zu betrachten, weil Sie am Leben sind oder weil Sie Mensch sind, ist deshalb auf einen Glaubensakt gegründet. Wenn Sie zu einem solchen Glaubensakt bereit sind, ist das in Ordnung. Sie werden dann in der Lage sein, eine geistig gesunde Existenz zu führen, solange Sie diesen Glauben aufrechterhalten können.

Die zweite, anspruchsvollere, aber, wie ich glaube, realistischere und lohnendere Position ist die, dass Sie überhaupt darauf verzichten, Ihrem »Selbst« eine Gesamteinschätzung zu geben. Damit würdigen Sie den Umstand, dass Sie als Mensch viel zu kompliziert sind, um in einer einzigen Beurteilung aufzugehen, und dass Sie mit einer pauschalen Beurteilung zu stark verallgemeinern und sich selbst mit einem nicht gerechtfertigten Etikett versehen würden. Stattdessen akzeptieren Sie sich als einen fehlbaren Menschen, der kompliziert ist und gute, schlechte und neutrale Qualitäten hat. Dieser Standpunkt wird Ihnen dabei helfen, Ihre guten Eigenschaften zu maximieren und Ihre schlechten Eigenschaften, so gut es geht, zu minimieren, auch wenn diese niemals ganz auszumerzen sind. Trotzdem müssen Sie sich darüber klar sein, dass Sie niemals fähig sein werden, diese Philosophie der Selbstakzeptanz vollständig zu beherrschen. Warum nicht? Weil Sie ein Mensch sind und als solcher eine natürliche Bereitschaft besitzen, ungerechtfertigte Verallgemeinerungen zu machen und unter bestimmten Umständen sehr schnell von der Beurteilung eines Aspekts ihres Selbst zur Beurteilung ihres gesamten Selbst überzugehen. Realistisch gesehen können Sie nur darum bemüht sein, Ihren Hang zur Selbstbeurteilung zu minimieren (anstatt ihn zu beseitigen) und Ihre Tendenzen zur Selbstakzeptanz zu maximieren (anstatt sie zu vervollkommnen).

In Schritt 1 erwähnte ich, dass Akzeptanz nicht Resignation bedeutet, und ich möchte diesen Punkt hier noch einmal wiederholen. Wenn ich Sie ermutige, sich selbst als ein fehlbares

Wesen zu akzeptieren, rate ich Ihnen nicht, sich damit abzufinden, wer Sie sind, in dem Sinne, dass Sie nicht mehr daran arbeiten sollen, solche Aspekte ihrer Person zu verändern, die kontraproduktiv sind, und solche Aspekte zu maximieren, die Ihr Selbst stärken. Ich denke, wenn Sie sich eine Philosophie der Selbstakzeptanz zu Eigen machen, wird Sie das ermuntern, auf Ihre persönliche Veränderung hinzuarbeiten. Es führt Sie keineswegs zur Entmutigung und Selbstaufgabe.

Feiern Sie Ihre Individualität

Zum Menschsein gehört auch die Anerkennung der Tatsache, dass Sie ein *einzigartiges* Individuum sind. Es wird nie wieder eine Person existieren, die über genau Ihre Zusammensetzung von Charaktereigenschaften, Fähigkeiten, Stärken und Schwächen verfügt. Wenn ich einen Vortrag darüber halte, wie man eine gesunde Einstellung zu sich selbst entwickelt, sage ich meinem Publikum, dass es aller Wahrscheinlichkeit nach nie wieder ein Individuum geben wird, das meine Mischung von Interessen aufweist: Ich sehe mir gern Profiboxen im Fernsehen an, ich bin stark an Soul-Musik und besonders an den Aufnahmen von Junior Walker and The All Stars interessiert. Ich mag auch die Lieder und Aufnahmen von Al Jolson und ich bin ein begeister ter Marx-Brothers-Fan. Ich bin Anhänger des Fußballvereins Arsenal London, lese gern Billy-Bunter-Bücher und bin passionierter Autor für Psychotherapie und psychologische Ratgeber. Ich zweifele sehr, ob Sie jemals ein anderes Individuum mit dieser Interessenkombination finden werden. In Anbetracht dieser Tatsache kann ich entweder meine Individualität feiern oder mich selbst als einen Sonderling und komischen Kauz betrachten. Ich ziehe Ersteres vor, weil es gesünder ist, mit der Wirklichkeit besser übereinstimmt und weil es eine logischere und realistischere Herangehensweise an das Leben darstellt. Denken Sie also darüber nach, auf wie viele unzählige Arten Sie ein einzigartiges Individuum sind, und feiern Sie Ihre eigene Individualität.

Als ich noch beträchtlich jünger war, glaubte ich, es gäbe bestimmte Interessen, die ich unbedingt haben müsste, und bestimmte Interessen, die ich auf keinen Fall haben sollte. So war ich vollkommen überzeugt davon, dass ich die Stücke William Shakespeares und klassische Musik mögen sollte und dass ich Seifenopern und Profiboxen im Fernsehen nicht mögen sollte. Ich lernte dadurch, meine eigene Individualität zu verleugnen, und schämte mich, bestimmte Interessen zu haben. Heute tue ich weder das eine noch das andere. Vielmehr bin ich der festen Meinung, solange Sie ein Interesse fesselt und es anderen Menschen, den Tieren oder der Umwelt nicht schadet, ist gar nichts daran auszusetzen, dieses Interesse zu haben, auch wenn es bei manchen Leuten ein Stirnrunzeln hervorrufen mag. Wenn Sie also Spaß daran haben, sich mit Eisenbahnen zu beschäftigen, lassen Sie sich durch die spöttische Haltung anderer nicht abschrecken, diesem Hobby nachzugehen. Wenn es Ihnen Vergnügen macht, Flohhüpfen zu spielen – prima. Lassen Sie sich nicht davon abbringen. Versuchen Sie Menschen zu finden, die Ihre Vorlieben teilen, und genießen Sie Ihr Hobby mit diesen Gleichgesinnten. Machen Sie sich nicht zum Sklaven der Idee, dass Sie bestimmte Vorlieben *auf keinen Fall haben sollten*. Denn eine solche Auffassung steht im Widerspruch zur Realität, ist unlogisch und letztendlich selbstzerstörerisch. Gestehen Sie sich die Interessen und Vorlieben zu, die wirklich Ihre eigenen sind, und gehen Sie ihnen entschlossen nach.

Feiern Sie auch die einzigartige Zusammensetzung Ihrer Charaktereigenschaften. Sie sollten die charakteristischen Merkmale Ihrer Persönlichkeit kennen und verstehen und Umgebungen ausfindig machen, in denen Sie diese charakteristischen Züge ausdrücken können, und – soweit es nicht kontraproduktiv ist – Umgebungen meiden, die Sie am Ausdruck Ihrer charakteristischen Eigenschaften hindern. Besonders wichtig ist das dann, wenn Sie eine Laufbahn einschlagen, einen Beruf ergreifen oder eine Beschäftigung suchen. Wenn Sie ein extrovertierter Mensch sind, dann wäre es vielleicht besser für Sie, Berufe zu umgehen, die es Ihnen nicht gestatten, diesen Wesenszug auszudrücken (z.B. Buchhalter, Verwaltungsbeamter oder Museumskurator). Wenn Sie im Kern Ihres Wesens introvertiert sind, werden Sie in Berufen, die ein hohes Maß an Extrovertiertheit verlangen, wie die Schauspielerei, der Verkauf und andere Berufe, in denen Sie unmittelbar einen persönlichen Eindruck hinterlassen müssen, vermutlich nicht glücklich werden. Obwohl es von diesen Regeln auch Ausnahmen gibt, glaube ich doch, dass es wichtig für Sie ist, Ihre Persönlichkeitsmerkmale und charakteristischen Eigenschaften zu kennen und eine durchdachte Entscheidung über die Umgebungen zu treffen, die es Ihnen am besten erlauben, sie zum Ausdruck zu bringen.

Sollten Sie sich über diesen Punkt nicht im Klaren sein, könnte es eventuell nützlich für Sie sein, eine Berufsberatung zu Rate zu ziehen. Diese wird Ihnen dabei helfen, Berufe zu finden, in denen Ihre einmalige Kombination von persönlichen Eigenschaften (und Interessen natürlich) zum Zuge kommen kann.

Entwickeln Sie eine Philosophie des aufgeklärten Eigeninteresses

Sollten Sie nicht wider Erwarten jemanden finden, der Ihre Interessen allen anderen voranstellt, ist es unerlässlich und überdies ein Zeichen geistiger Gesundheit, dass Sie dies für sich selbst tun. Sollten Sie tatsächlich jemanden finden, der konsequent bereit ist, Ihre Interessen den eigenen überzuordnen, könnten Sie Schwierigkeiten bekommen. Denn eine solche Person wird wahrscheinlich eine sehr geringe Meinung von sich haben, kann außergewöhnlich abhängig sein und wird alles tun, um Sie zufrieden zu stellen. Letzten Endes werden Sie eine Beziehung zu einem solchen Menschen als überaus einengend und klaustrophobisch empfinden.

Damit will ich nicht sagen, dass Sie selbstsüchtig sein sollen. Ganz im Gegenteil. Selbstsucht bedeutet, sich selbst stets zynisch an die erste Stelle zu setzen, während man die Interessen und Wünsche anderer Menschen, mit denen man zu tun hat, missachtet und von ihnen erwartet, dass sie sich der eigenen narzisstischen und selbstsüchtigen Lebensweise unterordnen. Was ich unter einer Philosophie des aufgeklärten Eigeninteresses verstehe, ist, dass Sie sich hauptsächlich um die eigenen Interessen kümmern, sich aber auch darüber im Klaren sind, dass Sie Beziehungen zu anderen Menschen unterhalten und dass es deswegen wichtig ist, dafür zu sorgen, die Verpflichtungen gegenüber diesen Menschen einzuhalten und deren Interessen nicht zu ignorieren. Unter dem aufgeklärten Eigeninteresse verstehe ich nicht, dass Sie sich selbst immer der Erste sind und andere immer erst an zweiter Stelle stehen. Manchmal werden Sie die Interessen anderer Menschen über Ihre eigenen stellen, besonders dann, wenn es sich um Ihre Kinder handelt, die nicht darum gebeten hatten, von Ihnen in die Welt gesetzt zu werden. Doch selbst hier sagt man mittlerweile, dass Kinder gut gedeihen, wenn Sie merken, dass ihre Eltern die eigenen Interessen angemessen berücksichtigen und sich nicht nur den Interessen der Kinder unterordnen. Aufgeklärtes Eigeninteresse bedeutet im Kern Flexibilität. Sie kümmern sich im Großen und Ganzen um Ihre eigenen Interessen, aber nicht in einer selbstsüchtigen Weise, welche die Interessen anderer ignoriert, sondern in einer Weise, die flexibel bleibt und auf die Anforderungen verschiedener Situationen eingeht.

Ein Großteil des aufgeklärten Eigeninteresses besteht darin, vernünftige Grenzen zu ziehen und zu wahren. Als Mensch müssen Sie sich zum einen in physischer Hinsicht um sich kümmern (ich werde diesen Aspekt später noch erörtern). Zum anderen müssen Sie in seelischer Hinsicht für sich sorgen und Zeit für heilsames und ungestörtes Nachdenken reservieren. Da Sie stets mit einigen Menschen zu tun haben, die Ihnen etwas bedeuten, ist es sinnvoll, auch diese Lebenstatsache in ihre

Überlegungen einzubeziehen. Außerdem werden Sie vermutlich für Ihren Lebensunterhalt arbeiten müssen und deswegen Ihre Pflichten gegenüber dem Arbeitgeber zu erfüllen haben. Darüber hinaus haben Sie vielleicht Hobbys, Interessen und ein ehrenamtliches Engagement. Wenn Sie zwischen all diesen Betätigungen keine vernünftigen Grenzen ziehen, werden Sie sich rasch überrollt fühlen und enden möglicherweise in einer Situation, in der Ihr physisches und psychisches Wohl ebenso wie Ihr Wunsch nach ungestörtem Nachdenken unter dem Berg von Aktivitäten ganz unten angekommen sind.

Mein Vorschlag ist, dass Sie Ihrer geistigen Gesundheit zuliebe alle Ihre Verpflichtungen und Aktivitäten berücksichtigen und für jeden dieser Bereiche eine gewisse Zeit einplanen. Das bedeutet allerdings, dass Sie sorgfältig über Ihre Prioritäten nachdenken und den einzelnen Verpflichtungen genügend sinnvoll nutzbare Zeit zuteilen. Um das zu bewerkstelligen, werden Sie Ihre Zeit effizient nutzen müssen. Auch das ist ein Kennzeichen für ein seelisch gesundes Individuum.

Zur Veranschaulichung nehmen wir Alex, einen meiner Klienten. Er behauptete, dass Frau und Kinder in seinem Leben die höchste Priorität hätten. Als ich genauer nachforschte, wie viel Zeit er mit ihnen im Vergleich zu der Zeit verbringt, die er für seine Freunde, seine Freizeitaktivitäten und seine Arbeit aufwendet, musste er mit Erschrecken feststellen, dass seine Familie nur einen kleinen Bruchteil seiner Zeit beanspruchte. Er war nämlich, wie leider viele Männer, davon ausgegangen, dass er für seine Familie schließlich sorgen würde und es damit alles in allem auch getan sei. Ich half Alex dabei, sein Leben neu zu organisieren, so dass er seine Zeit in einer Weise aufteilte, die den Prioritäten, wie er sie sich vorstellte, entsprach. Das bedeutete, dass er auf bestimmte Aktivitäten verzichtete, die er angenehm fand, und die Zeit begrenzte, die er mit anderen Aktivitäten zubrachte. Alex hält sich jetzt, langfristig betrachtet, für einen glücklicheren, gesünderen Menschen. Doch erst musste er lernen, seine Zeit seinen Wertvorstellungen entsprechend einzuteilen und alle seine Aktivitäten in vernünftigen Grenzen zu halten. Und nur so hatte er eine Chance, das Glück zu erleben, das mit der Verwirklichung der eigenen Werte verbunden ist.

Dass wir nur ein Leben haben, ist natürlich eine Binsenweisheit, gleichwohl verhalten sich viele Leute so, als erwarteten sie, mehrere Male zu leben. »Ich werde mir später Zeit dafür nehmen«, ist eine ihrer üblichen Äußerungen. Wenn Sie zu diesen Menschen gehören, werden Sie mit der Diskrepanz zwischen Ihren erklärten Prioritäten und der Art, wie Sie Ihr Leben tatsächlich leben, oft gerade in dem Augenblick konfrontiert, wenn Sie es mit Ihrer eigenen Sterblichkeit zu tun bekommen (wenn Sie zum Beispiel entdecken, dass Sie dem Stress nicht mehr gewachsen sind, oder an einer lebensbedrohenden Krankheit leiden). Unzählige Male haben Sie von Menschen gelesen, die berichteten, eine Krankheit habe ihnen geholfen, Abstand zu gewinnen und die Richtung, die ihr Leben nahm, zu überdenken. Sie müssen nicht erst in eine solche lebensgefährliche Situation kommen, um sich über Ihre Prioritäten klar zu werden, um Ihre Verpflichtungen und Aktivitäten in vernünftigen Grenzen zu halten und um Ihr Leben an Ihren erklärten Wertvorstellungen und Präferenzen auszurichten. Denken Sie darüber nach.

Kommen Sie Ihren Verpflichtungen gegen sich selbst nach

Viele Menschen sind in Gefahr, andere Menschen und fremdbestimmte Aktivitäten über sich selbst zu stellen. Sie haben durchaus bestimmte Pläne, beispielsweise einen Roman zu schreiben oder auf Reisen zu gehen. Manchmal haben sie sich sogar auf diese Pläne festgelegt, aber wie oft lösen sie die Verpflichtungen gegenüber sich selbst ein, das heißt, wie oft machen sie mit dem Handeln Ernst? Wie oft haben Sie nicht schon die Bemerkung anderer gehört: »Wenn ich in meinem Leben noch einmal von vorn anfangen könnte, hätte ich das und jenes anders gemacht.« Ich möchte nicht morbide klingen, aber vielleicht wäre es doch nützlich, Sie würden sich einmal in Gedanken ausmalen, Sie lägen auf dem Totenbett. Welche »Wenn-ich-noch«-Wünsche hätten Sie, wenn sie dort liegen würden? Machen Sie sich eine Notiz und nehmen Sie sich vor, Ihre Verpflichtungen gegenüber sich selbst zu erfüllen, solange Sie noch in der Lage sind, das zu tun. Vermeiden Sie die »Wenn-ich-noch«-Falle und akzeptieren Sie die bittere Realität, dass Sie in Ihrem Leben – dem einen, das Sie haben – vermutlich nicht alles das tun können werden, was Sie gern tun würden. Stellen Sie eine Rangliste Ihrer Aktivitäten auf. Akzeptieren Sie die Tatsache, dass die Dinge, die geringere Priorität haben, eventuell nie an der Reihe sind. Entschließen Sie sich aber, sich auf diejenigen Aktivitäten zu verpflichten, die Sie hoch schätzen, und kommen Sie diesen Verpflichtungen nach.

Entwickeln Sie eine gesunde Einstellung zu Ihrem Körper und Ihrem Gesundheitszustand

Sie haben zweifellos davon gehört, dass es schwierig ist, einen gesunden Geist zu haben, wenn man keinen gesunden Körper hat. Das ist genau genommen so nicht wahr. Ich kenne Menschen, die von schweren, behindernden Krankheiten getroffen wurden, was sie aber nur zu umso größerer geistiger Entschlossenheit anzuspornen scheint. Und ironischerweise sind sie vielleicht geistig gesünder, als wenn sie die schwere, behindernde Krankheit nicht erlebt hätten. Trotzdem ist es richtig, dass Ihnen das Gefühl körperlicher Vitalität abhanden kommen kann, wenn Sie sich körperlich nicht hinreichend in Form halten, und in einem lethargischen Zustand wird es dann schwieriger für Sie sein, ausdauernd auf ein besseres seelisches Wohlbefinden hinzuarbeiten.

Denken Sie also daran, dass Sie Ihrem Körper und Ihrem

physischen Befinden Aufmerksamkeit schenken müssen. Keine Sorge, ich werde Sie jetzt nicht darüber belehren, wie schädlich Alkohol, Tabak und andere Genussmittel für Sie sind, wenn sie im Übermaß konsumiert werden. Denn das wäre vermutlich der schnellste Weg, wie ich Sie dazu bringen könnte, dieses Buch zuzuklappen. Ich werde Ihnen auch keine Predigt darüber halten, wie wichtig und notwendig es ist, intensiv Sport zu treiben. Dennoch sollten Sie Ihrem körperlichen Wohl eine *gewisse* Aufmerksamkeit schenken. Falls Sie das nicht tun wollen, müssen Sie sich darüber klar sein, dass Sie später für ihren körperlichen Verfall anfälliger sein werden, so dass aller Wahrscheinlichkeit nach auch Ihre geistige Gesundheit in Mitleidenschaft gezogen wird.

Ich glaube, dass es hier wie sonst auch darauf ankommt, flexibel zu sein und Maß zu halten. Befolgen Sie also bitte nicht fanatisch irgendein Fitnesspensum, das Sie sich ausgesucht haben. Andererseits aber sollten Sie, wie gesagt, der körperlichen Ertüchtigung auch nicht ganz aus dem Weg gehen, um sich in Form zu halten.

Sie sollten sich auch bewusst werden, welche besonderen gesundheitlichen Schwachpunkte Sie haben, und jede ausgleichende oder vorbeugende Maßnahme ergreifen, die Ihnen medizinischer oder diätetischer Rat empfehlen kann. Oft leben wir unser Leben so, als seien wir immun gegen Herzinfarkte, Krebs und andere lebensbedrohliche Krankheiten. Erst wenn es so weit gekommen ist, entscheiden wir uns, unseren Lebensstil zu ändern. Denken Sie also sorgfältig darüber nach, was Sie, soweit es in Ihrer Macht steht, tun können, um die Entstehung solcher Krankheiten zu verhindern, ohne jedoch fanatisch zu werden und ohne sich ungeprüften Moden und Ticks hinzugeben, die ungefähr jedes zweite Jahr in populären Zeitschriften auftauchen. Sie können sich nicht gegen all diese Krankheiten wappnen, doch ein Quäntchen Vorbeugung mag Ihnen jetzt mehr nützen als jede Menge invasiver Medizin später.

Lernen Sie, sich selbst aufzubauen

Sich selbst aufzupäppeln oder wieder aufzubauen soll heißen, sich selbst so zu behandeln, als seien Sie jemand, für den Sie sorgen. Es ist erstaunlich, wie oft uns Vorbilder dafür gezeigt werden, wie Menschen andere umsorgen, aber uns werden sehr selten Vorbilder von Menschen gezeigt, die sich selbst pfleglich behandeln und heilsam kräftigen. Lassen Sie mich, um Ihnen die Sache anschaulicher zu machen, ein Beispiel dafür geben, wie ich mich selbst wieder aufbaue. Ich persönlich finde es ungeheuer entspannend, mir gregorianische Gesänge anzuhören. Einmal am Tag verschaffe ich mir zwanzig freie Minuten, um nichts anderes zu tun, als die Augen zu schließen und mir auf meinem Walkman gregorianische Gesänge anzuhören. Nun könnte dasselbe für Sie alles andere als erquicklich sein. Es geht mir natürlich nicht darum, die Vorzüge gregorianischer Gesänge anzupreisen! Ich möchte Ihnen nur einen Anstoß geben, herauszufinden, was Sie regelmäßig tun können, das Sie entspannt und wieder aufbaut. Vielleicht sollten Sie regelmäßig zur Massage gehen oder einen Spaziergang durch den Wald machen. Wie ich früher schon unterstrichen habe, unterscheiden sich die Menschen außerordentlich hinsichtlich, ihrer Interessen, und in diesem Zusammenhang hinsichtlich ihrer regenerierenden Interessen. Suchen Sie nach Kraft spendenden Betätigungen, denen Sie allein für sich oder gemeinsam mit anderen nachgehen können, und geben Sie diesen Aktivitäten einen regelmäßigen Rahmen. Sie werden überrascht sein, wie sich das auf Ihr seelisches Wohlbefinden auswirken wird.

Bemühen Sie sich, Ihren Maßstäben, Ihren Werten und Ihren ethischen Grundsätzen gerecht zu werden

Keine Sorge, eine Predigt werden Sie von mir nicht hören! Ich möchte Sie allerdings dazu anregen, eingehend darüber nachzudenken, welche ethischen Maßstäbe, moralischen Grundsätze und Wertvorstellungen Sie eigentlich haben, und sich darum zu bemühen, diesen Maßstäben gerecht zu werden. Sie sind natürlich nur ein Mensch und werden das hin und wieder vielleicht nicht schaffen. Wenn das passiert, sollten Sie sich trotzdem akzeptieren und aus der Erfahrung lernen.

Nach meiner Erfahrung ist es immerhin so, dass die glücklichsten Menschen diejenigen sind, die mit ihren ethischen Maßstäben, Werten und Grundsätzen weitgehend im Einklang leben. Sie haben das Gefühl, dass sie dazu beitragen, eine Welt zu schaffen, in der sie selbst gern leben würden. Sie scheinen auch mit sich selbst mehr im Reinen zu sein als andere, die gewohnheitsmäßig gegen das verstoßen, was sie unter dem Gesichtspunkt ethischer Werte hoch einschätzen.

Versuchen Sie, authentisch zu sein

Warum darum herumreden: In unserer modernen, komplexen Alltagswelt ist es außerordentlich schwierig, aufrichtig zu sein. Soziologen werden Ihnen sagen, dass Sie ständig dazu animiert werden, Rollen zu spielen, Masken aufzusetzen und Ihre wahren Gefühle zu verbergen, um wirkungsvoller aufzutreten. Und natürlich wäre es naiv, wenn ich behaupten wollte, Sie stünden nicht unter einem solchen Druck. Gleichwohl bin ich der Meinung, dass Sie trotz dieses Drucks nach wie vor in der Lage sind, einigermaßen authentisch zu sein.

Ich möchte hier zwei Formen von Authentizität erörtern. Die erste Form betrifft die Authentizität im Umgang mit sich selbst. Damit meine ich, dass Sie sich selbst gegenüber ehrlich sind und nicht versuchen, Ihre wahren Gefühle zu verstecken in dem nutzlosen Versuch, einem idealisierten, aber unmenschlichen Image zu entsprechen (das ist der geradeste Weg zur Entfremdung von Ihren wahren Gefühlen). Sich selbst gegenüber ehrlich zu sein ist natürlich viel einfacher, wenn Sie, soweit dies menschenmöglich ist, die Philosophie der Selbstakzeptanz beherrschen, auf die ich in diesem Kapitel bereits eingegangen bin. Vielleicht wollen Sie noch einmal zurückblättern und den Stoff zur Selbstakzeptanz wiederholen, bevor Sie weitermachen. Einmal angenommen, Sie haben nun ein beträchtliches Maß an Selbstakzeptanz erworben, dann müssen Sie Ihren Gefühlen und wahren Werten, Gedanken und Überzeugungen Aufmerksamkeit schenken. Versuchen Sie nicht, sich davon zu überzeugen, Sie seien anders, als Sie es tatsächlich sind. Menschen, die mit sich selbst im Reinen sind, geben zu, dass sie ihre Grenzen haben, und können diese Grenzen gelassen, aber bestimmt angehen. Menschen hingegen, die mit sich selbst nicht klarkommen, leugnen entweder ihre Mängel und Fehler, indem sie diese auf andere projizieren, oder versuchen auf eine verzweifelte Art und Weise, ihr Verhalten zu ändern.

Im Umgang mit anderen authentisch zu sein ist selbstverständlich ebenfalls wichtig. Wenn Sie aus Ihren Neigungen und Abneigungen kein Geheimnis machen und besonders am Anfang einer Beziehung offen darüber sprechen, kann Ihnen das viel Kopfzerbrechen und vergeudete Zeit ersparen. Wie oft haben Sie nicht schon anderen Ihr bestes – und oft falsches – Gesicht gezeigt, weil Sie der Meinung waren, Sie würden nicht akzeptiert werden, wenn Sie wirklich aufrichtig wären? John Powell, ein Jesuitenpater, hat ein wunderbares Buch geschrieben, in dem er zeigt, dass unserer Furcht, im Umgang mit anderen authentisch zu sein – so merkwürdig das erscheinen mag –, ein Mangel an Selbstakzeptanz für unsere eigenen Schwächen zugrunde liegt. Sobald Sie sich selbst akzeptiert haben, werden Sie im Umgang mit anderen viel eher authentisch sein können. Wenn Sie von ihnen abgelehnt werden, ist das traurig, aber es ist besser, wenn die Ablehnung zu Beginn einer Beziehung erfolgt und nicht erst dann, wenn Sie ihnen Ihre wahren Gefühle offenlegen, die Sie lange vor ihnen verborgen gehalten haben.

Beachten Sie aber bitte, dass ich Sie keineswegs auffordere, gefühllos, schroff und barsch zu sein. Ich glaube, dass Sie sogar starke negative Gefühle taktvoll äußern und verständlich machen können. Ich befürworte keine Authentizität nach dem Prinzip »Alles ist erlaubt«, »Lasst allen Gefühlen freien Lauf«, Schreien und Brüllen inbegriffen. Denn das ist weder für Sie selbst noch für diejenigen gesund, die einem solchen unreifen Verhalten als Adressaten gegenüberstehen. Ich rate Ihnen, dass Sie Ihre Gefühle aufrichtig, aber mit Umsicht und Takt vermitteln, und werde später noch mehr dazu sagen. Sie müssen im Ausdruck Ihrer Authentizität genauso flexibel sein wie sonst auch!

Schritt 6

Lassen Sie gesunde negative Gefühle zu

Sie mögen nun vielleicht denken, es sei doch seltsam, dass ich in ein Buch über die Förderung geistiger Gesundheit einen Abschnitt über das Erleben von *gesunden negativen Gefühlen* einfüge. Möglicherweise haben Sie irgendeine dieser Vorstellungen, wonach Menschen, die sich psychisch wohlfühlen, lediglich positive Gefühle erleben oder auf negative Lebensereignisse mit Gelassenheit reagieren. Doch solchen Vorstellungen möchte ich ein Ende machen. Eine derartige Auffassung von geistiger Gesundheit ist nämlich höchst unrealistisch. Falls es in der Tat irgendwelche Individuen gibt, die nur positive Gefühle erleben, dann haben sie in ihrem Leben entweder nie Härten erlebt oder sie reagieren auf diese Härten mit unangemessen positiven Haltungen. Da ihre Gefühle auf ihre Einstellungen und Überzeugungen zurückgehen (was ich ihre Philosophien nenne) sind sie nur dann in der Lage, ein negatives Ereignis positiv aufzunehmen, wenn sie eine unrealistisch positive Haltung zu diesem Ereignis haben.

Nehmen wir einmal an, Sie haben an einem Lyrikwettbewerb teilgenommen und Ihnen wurde gesagt, Sie seien auf der Auswahlliste für den ersten Preis. Sie sind begeistert, weil Sie diesen Preis wirklich gewinnen möchten; der Preis ist Ihnen sehr wichtig. Dann erhalten Sie einen Brief, in dem steht, dass Sie den Wettbewerb nicht gewonnen haben. Wäre es nicht völlig unrealistisch, wenn Sie nun denken würden: »Schön, ich freue mich, dass ich den Preis nicht bekommen habe?« Das nämlich müssten Sie glauben, wenn Sie sich angesichts des verlorenen Wettbewerbs gut fühlen wollten. Tatsächlich haben Sie aber vielleicht gemischte Gefühle – zum einen negative, zum anderen positive

– bei diesem Ereignis, und das ist in Ordnung. Sie könnten zum Beispiel denken: »Schade, dass ich den ersten Preis nicht gewonnen habe, aber es freut mich, dass meine Gedichte in die engere Wahl gekommen sind.« Worauf es hier ankommt, ist jedoch, dass Ihre Haltung: »Schade, dass ich den Wettbewerb nicht gewonnen habe«, dazu führen wird, dass Sie sich enttäuscht fühlen – ein gesundes, negatives Gefühl. Obgleich dieses Gefühl in dem Sinne negativ ist, als es unangenehm erlebt wird, ist es gesund, weil es Sie befähigt, sich auf ein negatives Ereignis einzustellen, es zu verarbeiten und das nächste Ziel ins Auge zu fassen.

Jetzt lassen Sie uns annehmen, Sie haben den ersten Preis nicht gewonnen und nehmen diese Mitteilung innerlich unbewegt oder gleichgültig auf. Warum wäre auch das kein Beispiel für eine gesunde geistige Haltung? In Schritt 2 sagte ich bereits, dass Sie als Mensch eine komplizierte Mischung von Wünschen haben. Sie möchten, dass bestimmte Dinge geschehen und dass andere Dinge nicht geschehen. Sobald Sie schlechte Nachrichten erhalten, über den entgangenen ersten Preis beispielsweise, stellt dies eine Frustration Ihres Wunsches dar, und es ist daher gesund für Sie, ein negatives Gefühl wie Enttäuschung zu empfinden.

Damit die Nachricht über den nicht gewonnenen Wettbewerb bei Ihnen keine Gefühle auslöst (d.h., Sie sind unbewegt oder gleichgültig), müssten Sie eine Einstellung haben, die dieses Gefühl oder, genauer gesagt, diesen Gefühlsmangel stützen würde. Sie müssten letztlich glauben, dass es für Sie keine Rolle spielt, ob Sie den Lyrikwettbewerb gewinnen oder nicht. Nun klingt dies wie eine eklatante Selbsttäuschung oder wie ein Beispiel für das, was Psychologen als Mechanismus der Verleugnung bezeichnen. Wenn Sie eine Philosophie der Gleichgültigkeit verinnerlicht haben, verhalten Sie sich wie der Fuchs in der Fabel vom Fuchs und den Trauben. Der Fuchs wollte die Trauben wirklich, aber er konnte sie nicht erreichen. Anstatt den vernünftigen Schluss zu ziehen, dass dies eine enttäuschende Erfahrung ist und er vielleicht etwas mehr darüber nachdenken sollte, wie das Problem, die Trauben zu erreichen, zu lösen wäre, sagte sich der Fuchs, er hätte die Trauben ohnehin nicht gewollt, denn sie wären gewiss sauer gewesen.

Ich hoffe, es wird jetzt verständlich, warum ich behaupte, dass gesunde negative Gefühle ein Kennzeichen geistiger Gesundheit sind. Wenn Sie in Ihrem Leben nur positive Gefühle erleben, bedeutet das wahrscheinlich, dass Sie negative Lebensereignisse positiv empfinden, was eine höchst unrealistische Haltung ist. Wenn Sie im Hinblick auf bestimmte Dinge, die Sie wirklich wollen, nur Gleichgültigkeit empfinden, betrügen Sie sich selbst und leugnen, was Ihnen wirklich wichtig ist.

Im Folgenden werde ich kurz beschreiben, was ich unter gesunden negativen Gefühlen verstehe, und werde zeigen, wie diese Gefühle auf den gesunden Einstellungen aufbauen, die ich in Schritt 2 bis 5 erörtert habe. Ich werde sie dann mit ungesunden negativen Gefühlen vergleichen, die auf ebenso ungesunden Einstellungen beruhen, die ich an gleicher Stelle ebenfalls schon erörtert habe. Es erscheint ratsam, diese Abschnitte wegen der ausführlichen Behandlung der gesunden und ungesunden Einstellungen noch einmal zu lesen. Ich werde Ihnen hier nur eine sehr kurze Zusammenfassung geben, bevor wir fortfahren.

Ich bin der Auffassung, dass die gesunden negativen Gefühle, auf die ich hier kurz eingehe, von einer oder mehreren der folgenden Philosophien herrühren:

- einer flexiblen Philosophie der Wünsche;
- einer Philosophie der Verhältnismäßigkeit gepaart mit einer Akzeptanz der Realität;
- einer Philosophie hoher Frustrationstoleranz;
- einer Philosophie der Akzeptanz bezogen auf sich selbst und andere.

Ungesunde negative Gefühle verdanken sich einer oder mehreren der folgenden Philosophien:

- einer starren, dogmatischen Philosophie der Anspruchsfixiertheit;
- einer Philosophie der Dramatisierung, die Sie die Verhältnismäßigkeit verlieren lässt;
- einer Philosophie der niedrigen Frustrationstoleranz, die Sie verleitet, kurzfristigen Vergnügungen nachzugehen auf Kosten Ihrer langfristigen vernünftigen Ziele;
- einer Philosophie der Herabsetzung, mit der Sie sich und andere für Vergehen, Fehler und Schwächen verunglimpfen.

Besorgnis

Wenn Sie Ihre Sicherheit, Ihr Wohlbefinden, Ihre Bequemlichkeit oder Ihr Selbstbild gefährdet sehen, ist es nur gesund, angesichts dieser Bedrohung besorgt zu sein. Den Kopf in den Sand zu stecken und so zu tun, als existiere die Gefahr nicht, wird Ihnen nicht helfen, sich ihr zu stellen und mit ihr fertig zu werden; ebenso wenig wird es Ihnen nützen, wenn Sie wie ein kopfloses Huhn völlig verängstigt herumrennen. Besorgnis entspringt folgender Lebensphilosophie: »Wenn eine Bedrohung existiert, sind bedauerlicherweise alle Bedingungen für ihre Existenz erfüllt. Es wäre schön, wenn sie nicht existieren würde, aber kein Gesetz des Universums schreibt vor, dass sie nicht existieren darf. Abgesehen davon, ist es schlecht, dass die Bedrohung existiert, aber es ist nicht furchtbar. Ich kann mich mit der Situation abfinden und mit der Bedrohung fertig werden, wenn sie eintreten sollte. Falls die bedrohliche Situation eintritt, kann ich mich auch unter solchen Umständen akzeptieren.«

Angesichts einer Bedrohung ist das ungesunde Gegenstück zur Besorgnis die Angst. Wenn Sie sich aufgrund einer Bedrohung ängstlich fühlen, bestehen Sie darauf, dass die bedrohliche Situation nicht eintreten darf, dass es fürchterlich wäre, wenn sie es dennoch täte, dass Sie das keinesfalls ertragen könnten; und wenn die Bedrohung Ihr Selbstbild betrifft und sich konkretisieren sollte, so wäre das eben nur ein Beweis Ihrer Wertlosigkeit.

Angesichts einer Bedrohung Besorgnis zu empfinden ist gesund, denn sie

- hilft Ihnen anzuerkennen, dass die Bedrohung existiert;
- befähigt Sie, klar zu denken, und motiviert Sie, mit der Bedrohung konstruktiv umzugehen, sofern sie sich konkretisiert, oder an alternativen Plänen zur Selbstbestätigung zu arbeiten, falls sich die Bedrohung nicht aus der Welt schaffen lässt.

Wenn Sie statt Angst Besorgnis erleben, sind Sie außerdem weit weniger geneigt, das Ausmaß der Bedrohung oder der Gefahr zu überschätzen. Ich habe Untersuchungen durchgeführt, die zeigen, dass der letzte Punkt zutrifft.

In einer meiner Untersuchungen forderte ich eine Gruppe von Versuchspersonen auf, eine gesunde, aber realistisch negative Einstellung zu Spinnen einzunehmen. Diese Gruppe sollte sich folgende Überzeugung zu Eigen machen: »Ich würde es vorziehen, keine Spinne zu sehen. Wenn ich dennoch eine Spinne sehe, wäre das zwar unschön, aber nicht schrecklich. Es ist unangenehm, aber nicht unerträglich, eine Spinne zu sehen.« Die zweite Gruppe sollte eine ungesunde, irrationale Einstellung zu Spinnen übernehmen. Sie sollten Folgendes glauben: »Ich darf keine Spinne sehen. Wenn ich wirklich eine Spinne sehen sollte, wäre das ganz entsetzlich und unerträglich.« Beide Gruppen sollten sich dann vorstellen, sie gingen in einen Raum, wo zumindest eine Spinne wäre. Anschließend wurden beide Gruppen zur Anzahl der Spinnen, die vermutlich in dem Raum wären, zu ihrer Größe und zu ihrer Laufrichtung befragt.

Es wird Sie nicht überraschen, dass die Gruppe, die eine ungesunde, irrationale Einstellung zu Spinnen übernehmen sollte, im Vergleich zu der Gruppe, die sich eine gesunde, rationale Einstellung aneignen sollte, Mutmaßungen äußerte, wonach es mehr Spinnen in dem Raum geben würde, dass sie noch größer wären und sich eher auf sie zubewegen würden. Dieses Experiment zeigt, dass Sie das Ausmaß der Bedrohung in Ihrer Umgebung überschätzen, wenn Sie eine angstbesetzte, ungesunde Einstellung haben. Sie neigen dann auch zur Unterschätzung Ihrer Fähigkeit, mit der Bedrohung fertig zu werden. Erleben Sie hingegen eine angstfreie Besorgnis, dann werden Sie weder die Bedrohung überschätzen noch Ihre Fähigkeit, damit zurechtzukommen, unterschätzen.

Traurigkeit

Jedes Mal, wenn Sie etwas verloren haben, das Ihnen etwas bedeutet, sei es eine geliebte Person, ein Haustier oder eine Hoffnung, für die es nun so aussieht, als werde sie sich nie erfüllen, ist es gesund, wenn Sie über den Verlust traurig sind. Den Verlust abzuschütteln, als habe er für Sie keine oder nur geringe Bedeutung, wird Ihnen nicht helfen, die Erfahrung zu verarbeiten, Ihre Energien zu erneuern und mit der konstruktiven Lebenstätigkeit fortzufahren. Wenn Sie sich wegen des Verlusts jedoch monatelang nur deprimiert fühlen, ist das allerdings genauso wenig gesund, weil die Depression Sie davon abhält, etwas zu unternehmen, und sie dazu führt, dass Sie mit dem Verlust seelisch nicht fertig werden.

Traurigkeit wegen eines Verlusts (oder eines Fehlschlags) geht auf die Vorstellung zurück, dass der Verlust bedauerlich ist, dass aber kein Gesetz im Universum existiert, dem zufolge der Verlust auf gar keinen Fall hätte geschehen dürfen. Was geschehen ist, ist nun einmal geschehen. Es ist schlecht, dass der Verlust eingetreten ist, aber es ist nicht entsetzlich. Der Verlust ist nicht unerträglich und er sagt nichts über Ihren Wert als Person aus.

Wenn Sie hingegen wegen des Verlusts (oder wegen des Fehlschlags) einfach nur depressiv sind, gehen Sie wahrscheinlich davon aus, der Verlust hätte auf gar keinen Fall passieren dürfen, er sei nicht verkraftbar und zeuge davon, wie wertlos Sie letztlich sind.

Sind Sie wegen eines Verlusts (oder eines Fehlschlags) traurig, aber nicht depressiv, dann sind Sie, was die Zukunft angeht, nicht unbedingt ohne jede Hoffnung. Sie erkennen, dass die Erfahrung solcher Verluste zum komplizierten Geschäft des Lebens gehört und dass es wichtig ist, dies in eine umfassendere Weltsicht zu integrieren. Sind Sie hingegen total deprimiert, wird Ihnen die Zukunft hoffnungslos erscheinen. Empfinden Sie aber im Hinblick auf die Zukunft nur Hoffnungslosigkeit, dann können Sie im Extremfall sogar auf suizidale Gedanken kommen. Das Leben verliert seine Bedeutung, weil Sie nicht akzeptieren, dass solche Verluste (oder Fehlschläge) vorkommen.

Traurigkeit hilft Ihnen, zu trauern und nicht aufzugeben, und ermutigt Sie, konstruktive Schritte zu unternehmen. Durch eine Depression wird der Trauerprozess eher blockiert oder verlangsamt. Wenn Sie deprimiert sind, wird Ihnen nicht danach zumute sein, überhaupt etwas zu unternehmen, und was Sie tun, wird wahrscheinlich nicht konstruktiv sein. Bei Verlusten oder Fehlschlägen sollten Sie sich ruhig traurig fühlen, Gefühle der Depression sollten Sie aber, so gut es geht, vermeiden, indem Sie die irrationalen Überzeugungen, die dieses nicht hilfreiche, negative Gefühl stützen, als solche erkennen und anfechten.

Ärger

Wenn Sie eine andere Person frustriert, Ihr Selbstbild bedroht oder eine Ihrer wichtigen persönlichen Regeln verletzt, ist es keineswegs gesund für Sie, auch die andere Wange hinzuhalten, der Person Herzensgüte zu erweisen oder deren Verhalten gleichgültig aufzunehmen. Ich glaube, wenn sich solche unerfreulichen Vorkommnisse ereignen, ist es gesund, darüber verärgert (nicht wütend!) zu sein. Glauben Sie wirklich, es könnte gesund sein, die andere Wange hinzuhalten und nichts zu empfinden, wenn einer Ihrer Kollegen am Arbeitsplatz versucht hat, Ihnen in den Rücken zu fallen, indem er falsche Gerüchte über Sie verbreitet? Nein, ich meine, es ist sehr gesund für Sie, sich über das Tun dieser Person zu ärgern und den Versuch zu machen, die Situation auf konstruktive Weise zu retten.

Wenn Sie verärgert sind, sind Sie der Ansicht:

- »Es wäre besser, solche Frustrationen etc. würden gar nicht erst vorkommen, aber das bedeutet nicht, dass sie nicht vorkommen dürfen.«
- »Es ist ausgesprochen bedauerlich, wenn Frustrationen vorkommen, aber nicht furchtbar.«
- »Es ist unangenehm, aber nicht unerträglich.«
- »Die Person, die mich frustriert hat, ist eine Person, die sich schlecht benommen hat, aber sie ist per se keine schlechte Person.«

Wut hingegen, die vielen zwischenmenschlichen Konflikten zugrunde liegt und eher dazu führt, Beziehungen vollends zu ruinieren, statt sie zu verbessern, verdankt sich oft einer unnachgiebigen, anspruchsfixierten Philosophie, die Sie zu der Meinung veranlasst:

- »Die andere Person darf meine Regeln auf gar keinen Fall verletzen oder mich frustrieren.«
- »Es ist schrecklich, dass er oder sie das tat.«
- »Die Situation ist unerträglich.«
- »Die andere Person ist durch und durch niederträchtig, weil sie sich derart schlecht benimmt.«

Wenn Sie nur wütend sind und Sie sich entscheiden, dies auszudrücken, erhöhen Sie damit Ihren Blutdruck. Sie werden sich außerdem zusätzlichen Ärger mit der anderen Person einhandeln, weil diese die Erfahrung macht, dass Sie nicht nur ihr Verhalten missbilligen, sondern sie auch verurteilen. Selbst wenn es

Ihnen gelingen sollte, die andere Person einzuschüchtern, werden Sie ihr einen Anreiz verschaffen, zukünftig Rache an Ihnen zu nehmen. Wenn Sie Ihre Wut nicht ausdrücken, werden Sie um Schwierigkeiten ebenfalls nicht herumkommen, weil es wahrscheinlich ist, dass Sie dann eine Fülle psychosomatischer Symptome entwickeln. Sie könnten darauf aus sein, es der anderen Person mit passiv-aggressiven Mitteln heimzuzahlen, und Sie werden sich nie ganz wohl in Ihrer Haut fühlen.

Wenn Sie jedoch auf gesunde Art verärgert sind, werden Sie eher versuchen, die Situation konstruktiv zu verändern, indem Sie die andere Person in einen Dialog verwickeln und ihr aufrichtig sagen, wie Sie dieses Verhalten finden, während Sie ihr deutlich zu erkennen geben, dass Sie sie nicht als Person verurteilen. Sie akzeptieren die fragliche Person als einen fehlbaren Menschen und deuten den Wunsch an, das Problem zu lösen und zu einem guten Verhältnis zurückzukehren.

Wann immer irgendjemand etwas tut, was gegen Ihre Regeln verstößt, Ihr Selbstbild bedroht oder Sie in Ihrem Streben nach Verwirklichung Ihrer Wünsche frustriert, halten Sie nicht die andere Wange hin und bleiben Sie nicht gleichgültig, ärgern Sie sich vielmehr auf gesunde Weise und versuchen Sie, mit der Situation konstruktiv umzugehen.

Reue

Sind Sie jemals daran gescheitert, einem Moralkodex oder einem ethischen Grundsatz gerecht zu werden? Haben Sie jemals auf eine Weise gehandelt, die Ihren Werten widerspricht? Nicht alle, aber die meisten von uns haben das. Die meisten Menschen glauben auch, es sei richtig, sich bei solchen Verstößen gegen ethisch-moralische Grundsätze schuldig zu fühlen. Wenn Sie Schuld sorgfältig definieren und trennscharf von ihrem gesunden Gegenstück – der konstruktiven Reue – unterscheiden, werden Sie sehen, dass Schuld keine konstruktive, gesunde Reaktion auf Situationen ist, in denen Sie vor sich selbst »in Ungnade fallen«. Schuld geht auf die folgende Philosophie zurück: »Ich darf auf gar keinen Fall gegen meine Regeln verstoßen. Wenn ich das tue, ist das ganz furchtbar, die Situation ist nicht auszuhalten und ich bin ein schlechter, boshafter Sünder.« Diese Philosophie wird Sie richtiggehend verleiten, zukünftig schlecht zu handeln, denn wenn es wahr ist, dass Sie eine schlechte, boshafte Person sind, wie können Sie sich dann anders verhalten als schlecht und boshaft?

Bevor Sie nun annehmen, dass ich jegliche Sünden stillschweigend übergehe, lassen Sie mich klarstellen, dass das nicht so ist. Jedes Mal, wenn Sie Ihren Moralkodex verletzen oder gegen Ihre ethischen Prinzipien handeln, sollten Sie Reue verspüren.

Wenn Sie das tun, werden Sie folgendermaßen denken:

- »Ich habe schlecht gehandelt, und ich wünschte, ich hätte das nicht getan. Es gibt aber kein Gesetz im Universum, das besagt, dass ich nicht schlecht handeln darf.«
- »Diese Situation ist schlecht, und sie verlangt von mir, darüber nachzudenken, was ich getan habe. Sie ist aber nicht schrecklich.«
- »Es ist ungut, gegen meinen moralischen Kodex zu verstoßen, aber es ist nicht unerträglich.«
- »Ich bin ein fehlbarer Mensch, der etwas Schlechtes getan hat, aber ich bin kein gemeiner Schuft.«

Ich glaube, diese Einstellungen, die der konstruktiven Reue zugrunde liegen, werden Sie dazu anregen, über Ihr Verhalten nachzudenken, und werden die Chance verbessern, dass Sie aus Ihren Fehlern lernen. Wenn Sie sich selbst Vorwürfe machen und sich schuldig fühlen, werden Sie von Ihrer eigenen Boshaftigkeit so sehr in Anspruch genommen sein, dass Sie aus Ihren Fehlern nicht lernen, oder Sie werden versucht sein, die Verantwortung für Ihr Verhalten zu leugnen.

Machen Sie sich also bewusst, dass Sie es als ein fehlbarer Mensch zuweilen nicht schaffen, Ihren ethischen Maßstäben zu entsprechen. Akzeptieren Sie sich mit Ihrer Fehlbarkeit und lassen Sie Gefühle der Reue bei sich zu, lernen Sie aus Ihren Fehlern und bemühen Sie sich um angemessene Wiedergutmachung für Ihr Verhalten. Verzichten Sie darauf, sich als »unwürdig« oder »boshaft« zu verurteilen, denn das wird Sie nur verleiten, künftig weiterhin gegen Ihren Moralkodex zu verstoßen, weil Sie davon ausgehen, nun einmal »so« zu sein, oder weil das Schuldbewusstsein Ihre Fähigkeit beeinträchtigt, aus Fehlern zu lernen.

Enttäuschung

Die Gefühlslage des Beleidigtseins besteht größtenteils aus Selbstmitleid und Kränkung. Sie neigen dann im Hinblick auf eine Behandlung, die Ihnen unfairerweise oder unverdientermaßen zuteil wurde, zu folgenden Überzeugungen:

- »Da ich eine ungerechte Behandlung nicht verdiene, darf so etwas auch auf gar keinen Fall geschehen.«
- »Weil ich ungerecht behandelt worden bin, ist alles schrecklich, und die Welt ist ein verkommener Ort, denn sie lässt zu, dass einem redlichen Geschöpf wie mir so etwas geschieht.«

Hilft es Ihnen, mit der Ungerechtigkeit konstruktiv umzugehen, wenn Sie Kränkung und Selbstmitleid empfinden? Meine klinische Erfahrung deutet darauf hin, dass sich Menschen, die gekränkt und voller Selbstmitleid sind, eher aus einer konstruktiven Verständigung zurückziehen, anstatt sich darauf einzulassen. Sie schmollen laut oder leise vor sich hin, oder sie verwickeln andere endlos in Gespräche nach dem Muster »Ist es nicht schrecklich …?«. Außerdem versuchen sie nicht selten, bei nahe stehenden und geliebten Personen Mitgefühl und Mitleid zu wecken, was – wenn sie damit erfolgreich sind – nur dazu dient, ihr Selbstmitleid zu verstärken.

Wo liegt also die konstruktive Alternative zum Gekränktsein und zum Selbstmitleid? Die Antwort lautet: in der Enttäuschung. Es ist gesund, sich enttäuscht zu fühlen, wenn Sie ungerecht behandelt worden sind, so, wie Sie es Ihrer Meinung nach nicht verdient haben. Es gibt einen wichtigen Unterschied zwischen Enttäuschung und Selbstmitleid. Beim Selbstmitleid glauben Sie, dass Sie ein bedauernswertes Geschöpf sind, weil sie unfair behandelt wurden. Sind sie enttäuscht, aber nicht selbstmitleidig, dann sind Sie zwar der Ansicht, dass Sie in einer bedauerlichen Situation sind, nicht aber, dass Sie als Person zu bemitleiden sind.

Wenn Ihre Stimmung von Enttäuschung und nicht von Selbstmitleid geprägt ist, werden Sie in der Regel Folgendes glauben:

- »Es ist zwar unerfreulich, auf eine unfaire und unwürdige Weise behandelt zu werden, aber es existiert im Universum kein Gesetz, wonach immer Angemessenheit und Fairness herrschen müssen.«
- »Es ist schlecht, aber nicht schrecklich, wenn diese Ungerechtigkeit geschehen ist.«
- »Es ist eine Situation, die ich aushalten kann und deshalb auch positiv verändern kann.«
- »Die Welt ist kein gänzlich verkommener Ort, sondern es geht manchmal kompliziert in ihr zu, und Gutes und Schlechtes existieren nebeneinander; die Welt ist ein Ort, an dem ich auch einmal unfair behandelt werde, was für andere dann durchaus von Vorteil sein kann.«

Dieser letzte Punkt ist nicht unwichtig. Die meisten von Ihnen, die dieses Buch lesen, sind wahrscheinlich bei leidlich guter Gesundheit, im Vollbesitz ihrer geistigen Kräfte und körperlich unversehrt. Ist diese Situation nicht unfair für die Menschen mit schlechter Gesundheit, für die körperlich Versehrten und für die, die nicht mehr im Vollbesitz ihrer Geisteskräfte sind? Wenn wir uns also mit der Unfairness beschäftigen, die zu unseren Gunsten ausfällt, können wir nicht so tun, als gäbe es auf der Welt keine Ungerechtigkeiten. Bemitleidet sich jemand ständig selbst und konzentriert sich auf die Unfairness gegenüber seiner Person, vernachlässigt oder übersieht er oder sie die Ungerechtigkeiten, von denen er oder sie auch einmal profitieren kann und durchaus profitiert.

Zum Schluss möchte ich noch einmal wiederholen, dass es nicht gesund ist, sich nichts anmerken zu lassen und lediglich das Gute an der Sache zu suchen, wenn Sie negative Lebenserfahrungen machen. Es ist aber auch nicht gesund, eine Haltung der Gleichgültigkeit und der Teilnahmslosigkeit an den Tag zu legen. Es ist vielmehr gesund für Sie, besorgt, traurig, verärgert, reuevoll oder enttäuscht zu sein. Versuchen Sie nicht, diese Gefühle zu verfälschen. Lassen Sie diese Gefühle bei sich zu, weil sie Ihnen helfen werden, mit der Situation konstruktiv umzugehen und eine gesunde Anpassung vorzunehmen, wenn Sie die negativen Ereignisse in Ihrem Leben tatsächlich nicht günstig beeinflussen können. Wenn Sie jedoch Angst, Depression, Wut, Schuld und Kränkung oder Selbstmitleid empfinden, sollten Sie nach den irrationalen Einstellungen suchen, die solche Gefühle untermauern, Sie sollten sie konsequent infrage stellen und ändern. Arbeiten Sie daran, gesunde negative Gefühle an die Stelle der ungesunden zu setzen.

Schritt 7

Denken Sie kritisch und kreativ

Beim Umgang mit Menschen, die meiner Meinung nach seelisch gesund sind, war ich immer wieder beeindruckt von ihrer Fähigkeit, kritisch und kreativ zu denken. Solche Menschen akzeptieren nicht einfach, was ihnen erzählt wird, ohne sich eine eigene Meinung gebildet zu haben. Diese Fähigkeit, eigenständig zu denken, ermöglicht es ihnen, der Macht der Werbung und den falschen Behauptungen selbst ernannter Experten zu widerstehen. Menschen, die eigenständig denken, sind meistens nicht naiv und leichtgläubig. Sie hören vielmehr genau zu, was ihnen erzählt wird, bedenken die Motive ihrer Gesprächspartner und bilden sich ihr eigenes Urteil.

Denken Sie wissenschaftlich

Ein wichtiges Element der Fähigkeit, kritisch zu denken, ist die Aneignung einer »wissenschaftlichen Methode«. Wissenschaftliches Denken ist das Kennzeichen einer gesunden Skepsis. Wenn Sie wissenschaftlich denken, bilden Sie eine Hypothese, die Sie dann überprüfen, indem Sie nach Belegen suchen, die Ihre Hypothese entweder erhärten oder ihr widersprechen. Dafür brauchen Sie einen gewissen Grad an Objektivität. Vielleicht ist es ein Paradox, wenn ich sage, dass viele Wissenschaftler keine guten wissenschaftlichen Denker sind. Sie sind dafür zu sehr an den Ergebnissen ihrer Experimente interessiert, von denen sie sich erhoffen, dass sie ihre Lieblingshypothese bestätigen werden. Die wissenschaftliche Literatur ist voller Beispiele, dass Wissenschaftler entweder die Ergebnisse ihrer Experimente betrügerisch gefälscht haben, um ihre bevorzugte Hypothese zu bestätigen, oder es unterließen, geeignete wissenschaftliche Kontrollen durchzuführen, mit der Folge, dass die Ergebnisse methodisch einseitig auf die Unterstützung der bevorzugten Hypothese zulaufen. Um wissenschaftlich denken zu können, ist es deshalb wichtig, dass Sie nicht übermäßig daran interessiert sind, sich zu beweisen, dass Ihre Hypothesen wahr sind. In diesem Sinne müssen Sie also immer mitberücksichtigen, welchen Ausgang Sie sich erhoffen, damit Sie die Wirkung Ihrer Wünsche möglichst gering halten.

Nehmen wir beispielsweise an, Ihnen wurde eröffnet, dass Sie an einer gesundheitlich schwächenden, aber nicht lebensbedrohlichen Krankheit erkrankt sind. Man sagt Ihnen auch, dass es bislang keine medizinische Behandlung gibt, die Ihnen wirksam helfen kann. Zwei Wochen nachdem Sie dies erfahren haben, lesen Sie in einer Zeitung, dass irgendein selbst ernannter Experte ein Heilmittel dagegen entdeckt hat, welches Sie einnehmen können, um die Auswirkungen der Krankheit auf Ihr Leben zu mildern. Wie können Sie in dieser Situation kritisches, wissenschaftliches Denken anwenden? Zunächst einmal wäre es wichtig für Sie, erheblich mehr über das beworbene Heilmittel, insbesondere dessen Inhaltsstoffe, und über die Qualifikationen des so genannten Experten herauszufinden. Sobald Sie genug Informationen über die Inhaltsstoffe des Heilmittels und die Qualifikationen des so genannten Experten gesammelt haben, gehen Sie mit diesen Informationen zu Menschen, die auf diesem Gebiet anerkannte Autoritäten sind. Hören Sie sich genau an, was sie zu sagen haben, achten Sie aber darauf, ob sie irgendwelche persönlichen Interessen dabei haben. Ich sage das, weil viele geachtete medizinische Autoritäten dogmatisch gegen alles sind, was nach Alternativmedizin aussieht.

Dann analysieren Sie alle Informationen, die Sie gesammelt haben, und treffen eine Entscheidung. Wenn Sie sich entscheiden, das Heilmittel zu nehmen, tun Sie dies für eine begrenzte Zeit und notieren Sie sorgfältig die Folgen für Ihren Gesundheitszustand. Dann hören Sie auf, das Heilmittel zu nehmen, und notieren die Folgen dieses Entzugs für Ihre Symptome. Beginnen Sie wieder mit der Einnahme des Mittels und notieren Sie sorgfältig, welche Veränderungen Ihrer Symptome Sie daraufhin bei sich feststellen – falls es überhaupt Veränderungen gibt. Wenn Sie infolge dieser wissenschaftlichen Herangehensweise herausfinden, dass Ihnen das Heilmittel tatsächlich geholfen hat, nehmen Sie es auf alle Fälle auch weiterhin. Wenn es allerdings danach aussieht, als habe es über eine anfängliche Verbesserung der Symptome hinaus – die wahrscheinlich von Ihrem verständlichen Wunsch herrührt, dass es funktionieren soll – keine Wirkung, dann macht es keinen Sinn, es weiter zu nehmen. Eine systematische und wissenschaftliche Herangehensweise an diese und andere Probleme wird dazu beitragen, dass Sie die Entscheidungen, die Sie treffen, besser in der Hand haben. Sie werden weniger leicht das Opfer irgendwelcher Modeerscheinungen und Wunderlösungen, die in unserer kommerzialisierten Welt andauernd feilgeboten werden.

Verringern Sie die Wirkungen vergiftender Pädagogik

Wenn Ihnen von bedeutsamen anderen wie Eltern, Lehrern oder Politikern etwas über Ihre eigene Person, über andere Menschen und die Welt beigebracht wird, was übertrieben negativ ist und sich als kontraproduktiv erweist, wenn Sie Ihnen Glauben schenken, handelt es sich um eine Pädagogik, die Sie vergiftet oder vergiftet hat.

Möglicherweise sind Sie mit einer der folgenden Botschaften aufgewachsen, die Sie von einem oder beiden Elternteilen gehört haben:

- »Du bist genau wie dein Vater, zu nichts zu gebrauchen.«
- »Man kann den Menschen nicht trauen. Halte dich an deine

Familie, sie wird für dich sorgen.« (Hier ist die Botschaft, dass andere Menschen Sie nur ausnutzen wollen.)

- »Alle Männer wollen nur das Eine.«
- »Frauen wollen dich nur angeln und dann ausnehmen.«

Wenn Sie in einem Alter, in dem Sie noch sehr empfänglich dafür sind und in dem es nicht leicht ist, selbstständig zu denken, solchen vergiftenden Lehren wiederholt ausgesetzt sind, ist es kein Wunder, wenn Sie diese unverbürgten Weltsichten schließlich glauben. Sobald Sie diese Botschaften glauben, werden sie allerdings erheblichen Einfluss darauf haben, wie Ihnen in der Welt zumute ist und wie Sie in ihr handeln. Wenn Sie zum Beispiel glauben, dass alle Frauen lediglich darauf aus sind, Sie in die Falle zu locken, werden Sie möglicherweise nur kurzzeitige Beziehungen zu Frauen eingehen und jeder Möglichkeit ausweichen, länger dauernde Beziehungen aufzubauen. Sollten Sie davon überzeugt sein, dass es Menschen außerhalb Ihrer Familie nur darauf anlegen, Sie auszunutzen, wird sich dies darauf auswirken, in welchem Umfang Sie anderen Ihre Gedanken, Gefühle und Einstellungen offenbaren.

Es könnte für Sie eine sehr hilfreiche Übung sein, sich einmal hinzusetzen und sich zu fragen: »Welche grundlegenden Botschaften habe ich in meinem Leben von bedeutsamen anderen über mich selbst, andere Menschen und die Welt gelernt?« Nehmen Sie ein Blatt Papier und schreiben Sie auf, wer diese bedeutsamen anderen waren und was sie Ihnen über sich selbst, andere Menschen und die Welt im Allgemeinen beigebracht haben. Je mehr Einzelheiten Sie festhalten können, desto besser werden Sie in der Lage sein, davon Abstand zu nehmen und diese Botschaften neu zu beurteilen.

Wenn Sie darangehen, diese Botschaften neu zu beurteilen, vergessen Sie bitte Folgendes nicht. Erstens ist so gut wie sicher, dass jede Aussage, die das Wort »alle« enthält, eine ungerechtfertigte Verallgemeinerung ist (z.B. »Alle Männer wollen nur das Eine.«). Das heißt, es mag zwar ein Körnchen Wahrheit dahinter stecken – vielleicht wollen manche Männer nur das Eine –, aber es ist unwahrscheinlich, dass *alle* Männer *nur* das Eine wollen.

Zweitens sollten Sie sich fragen, ob eine bestimmte Botschaft tatsächlich etwas über Sie selbst, andere Menschen oder die Welt im Ganzen sagt oder ob sie nicht mehr über die Person verrät, die Sie lehrte, sich selbst, andere Menschen und die Welt auf diese Weise zu sehen. Bedenken Sie unter Berücksichtigung dessen, was Sie über die Quelle der Botschaft wissen: Könnte nicht das, was diese Person Ihnen beigebracht hat, stark von deren eigenen Einstellungen beeinflusst sein und vielleicht auch von dem, was diese Person in ihrer eigenen Vergangenheit von bedeutsamen anderen beigebracht bekam? Unter Familientherapeuten ist gut bekannt, dass Aussagen über Menschen und die Welt im Allgemeinen von Generation zu Generation weitergegeben werden können. Der Grund dafür liegt darin, dass jede neue Generation diese Botschaften unkritisch übernimmt.

Drittens: Wenn Sie anfangen, die vergiftenden Botschaften aus Ihrer Vergangenheit neu zu bewerten, behalten Sie bitte im Auge, dass man immer einige Anhaltspunkte finden kann, um diese Botschaften zu stützen. Wenn Sie über den Umgang mit Menschen nachdenken, die vielleicht nicht zur Familie gehören, werden Sie durchaus Situationen anführen können, in denen man Sie in der Tat ausgenutzt hat. Wenn Sie einen solchen Beweis finden können, heißt das allerdings noch nicht, dass die überzogen verallgemeinerte Botschaft wahr ist. Zudem folgen Sie vielleicht mit Ihrem Verhalten dem Muster einer sich selbst erfüllenden Prophezeiung. Eine sich selbst erfüllende Prophezeiung ist dann am Werk, wenn Sie durch Ihre eigenen Handlungen ein Ergebnis herbeiführen, das die Überzeugung stützt, an die Sie ohnehin von Anfang an geglaubt haben. Wenn Sie also glauben, dass man niemandem trauen kann, der nicht zur Familie gehört, verhalten Sie sich vielleicht naiv gegenüber einem Fremden, der Sie ausnutzt. Anstatt den Schluss zu ziehen, dies sei ein weiterer Beweis dafür, dass man Menschen außerhalb der eigenen Familie nicht trauen darf, müssen Sie prüfen, welche Rolle Sie selbst bei dieser Episode gespielt haben.

Damit will ich Folgendes sagen: Sobald Sie die vergiftenden Botschaften aus Ihrer Vergangenheit unkritisch übernommen haben, können Sie unwissentlich Erfahrungen suchen, die diese Sichtweisen bestätigen, weil Sie wie viele Menschen das Vertraute dem Unvertrauten vorziehen. Nehmen wir beispielsweise eine Situation, in der Sie jemanden treffen, der Ihnen vertrauenswürdig erscheint. Sie erinnern sich an Ihren elementaren Standpunkt: Menschen, die nicht zur Familie gehören, kann man nicht trauen. Je mehr Sie über diese Person erfahren, desto befremdlicher wird infolgedessen die Erfahrung für Sie sein. Wenn Sie nun die Wahl haben, einerseits eine vergiftende, aber vertraute Botschaft aufzugeben und sich darüber klar zu werden, dass Ihre Eltern vielleicht Unrecht hatten und man Menschen außerhalb der Familie sehr wohl trauen kann, oder andererseits Ihren Glauben an diese Botschaft beizubehalten, indem Sie bei dieser anderen Person eine misstrauisch stimmende Reaktion hervorrufen, tun Sie möglicherweise das Letztere. Sie nutzen diese andere Person vielleicht unwissentlich aus, die daraufhin in gleicher Weise reagiert. Sie vergessen Ihre eigenen Handlungen oder nehmen sie nicht einmal wahr, konzentrieren sich nur auf die Ihr Vertrauen erschütternde Reaktion der anderen Person und folgern dann, dass Ihre Eltern in jeder Hinsicht Recht hatten: Menschen, die nicht zur Familie gehören, kann man nicht trauen.

Sie müssen also wissen, dass Sie sich in das Reich des Unvertrauten begeben werden, wenn Sie solche vergiftenden Botschaften über sich selbst, andere Menschen und die Welt ändern wollen. Insofern werden Sie versucht sein, Ihre Erfahrungen zu frisieren, um die giftige Botschaft zu stützen, anstatt es mit dem Unvertrauten auszuhalten, so dass Sie die Botschaft neu beurteilen können.

Sie müssen schon ein hohes Maß an Toleranz für Unbehagen, Frustration und Unvertrautheit aufbringen, wenn Sie sich an die Erfahrungen halten wollen, die die vergiftende Pädagogik widerlegen (siehe Schritt 4).

Minimieren Sie Ihr verzerrtes Denken

Aaron T. Beck, ein bekannter amerikanischer Psychiater, Begründer der kognitiven Therapie, hat den Standpunkt vertreten, dass Menschen, die seelisch in Bedrängnis sind, über sich selbst, andere Menschen und die Welt häufig verzerrt denken. Meiner Ansicht nach gehen diese Verzerrungen häufig auf die vier ungesunden Einstellungen zurück, die in Schritt 2 erörtert wurden. Wenn Sie an der Lebensphilosophie der Anspruchsfixiertheit, der Dramatisierung, der niedrigen Frustrationstoleranz und der Herabsetzung ihrer eigenen Person und anderer Menschen festhalten, wird die Art und Weise, wie Sie über die Ereignisse in Ihrem Leben denken, in vielerlei Hinsichten entstellt sein. Eine der wichtigsten Methoden, diese Verzerrungen in Ihrem Denken zu beseitigen, besteht deshalb darin, die in Ihrem Denken vorhandenen Mussvorstellungen, die Dramatisierungen, das »Ich ertrage es nicht« und die Verunglimpfungen zu erkennen und zu ändern. Wenn Sie sich an einer gesunden, flexiblen Lebensphilosophie Ihrer Ansprüche orientieren, sich eine die Verhältnismäßigkeit wahrende Einstellung angewöhnen, Ihre Frustrationstoleranz steigern und zu einem Standpunkt der Akzeptanz Ihrer selbst und anderer finden, werden Sie dem Ziel, die Ereignisse in Ihrem Leben klar und angemessen zu bedenken, ein großes Stück näher gekommen sein.

Nachdem Sie all das geschafft haben, werden Sie sowohl gefühlsmäßig als auch objektiv in einer besseren Ausgangslage sein, so dass Sie alle übrigen Verzerrungen, die in Ihrem Denken noch vorhanden sind, erkennen und korrigieren können. Welche Verzerrungen des Denkens stellen noch ein ernst zu nehmendes Hindernis für Ihre geistige Gesundheit dar? Ich führe hier lediglich die wichtigsten Formen an.

Schwarz-Weiß-Denken

Um eine Erfahrung sinnvoll zu deuten, verwenden Sie in diesem Fall nur zwei Kategorien. Denn beim Schwarz-Weiß-Denken gibt es buchstäblich keine Grauabstufungen (z.B. »Entweder ich schaffe es perfekt oder ich habe elendiglich versagt.«). Um das Schwarz-Weiß-Denken zu ändern, müssen Sie die Tatsache würdigen, dass die Dinge selten nur schwarz und weiß sind und dass es in Ihren Erfahrungen viele verschiedene Schattierungen von Grau gibt. So haben Sie vielleicht bei einem Test 80 Prozent der möglichen Punkte erzielt, und obwohl dies keine perfekte Leistung darstellt, wird man darin wohl kaum ein totales Versagen sehen können. Sie möchten vielleicht der Enttäuschung Raum geben, dass Sie bei dem Test nicht 100 Prozent der erreichbaren Punkte geschafft haben, aber es ist ebenso wichtig anzuerkennen, was Sie erreicht haben.

Zusammenreimen ungerechtfertigter Schlüsse

Sie sind an irgendeinem Geschehen oder Ereignis beteiligt und ziehen unvermittelt einen ungerechtfertigt negativen Schluss in Bezug auf dieses Ereignis. Der Psychologe David Burns hat zwei Hauptformen des Zusammenreimens von Schlüssen ausgemacht: das Gedankenlesen und das Wahrsagen.

Beim *Gedankenlesen* glauben Sie zu wissen, was eine andere Person denkt, haben dafür jedoch nur wenige oder gar keine stützenden Anhaltspunkte. Ein Beispiel dafür wäre folgendes Verhalten: Sie gehen zu einer Party und ziehen später den Schluss, dass andere glauben müssen, Sie seien langweilig – und das ungeachtet der Tatsache, dass sich die gleichen Leute aufmerksam angehört haben, worüber Sie sprachen.

Beim *Wahrsagen* machen Sie eine Voraussage über die Zukunft, ohne irgendwelche Beweise dafür zu haben, dass dieses prophezeite Ereignis auch wirklich eintreten wird. Sie sagen sich zum Beispiel, dass es Ihnen bei einem Bewerbungsgespräch, das Sie am Nachmittag haben werden, nicht gelingen wird, die Stelle zu bekommen.

Konzentration auf das Negative und Disqualifizierung des Positiven

Bei dieser Verzerrung Ihres Denkens konzentrieren Sie sich buchstäblich auf die negativen Aspekte jeglicher Erfahrung und tilgen, leugnen oder entwerten jeden positiven Zug an der Erfahrung. Sie verhalten sich dann beispielsweise so: Eine Lehrerin gibt Ihnen Ihren korrigierten Aufsatz zurück, zu dem sie einige überaus lobende Bemerkungen notiert hat. Zusätzlich hat sie zwei oder drei Stellen hervorgehoben, an denen etwas verbessert werden muss. Mit Ihrem verzerrten Denken entwerten Sie nun alle positiven Aspekte des Lobs, indem Sie sich zum Beispiel sagen, die Lehrerin beabsichtige mit ihrem Lob ja nur, dass Sie sich nicht allzu elend fühlen. Sie konzentrieren sich ausschließlich auf das Negative und dieses Negative muss dann als Grund dafür herhalten, dass Sie sich allmählich immer deprimierter fühlen.

Emotionales und kognitives Urteilen

Bei diesen Verzerrungen folgen Sie der Auffassung, dass allein deshalb, weil Sie in einer bestimmten Weise empfinden oder auf eine bestimmte Weise denken, diese Gefühle oder Gedanken auch schon genaue Aussagen über die Realität darstellen. So können Sie beispielsweise behaupten: »Weil ich mich wie ein Versager *fühle*, beweist das, dass ich tatsächlich ein Versager *bin*« oder »Ich werde bei der Lyriklesung heute Abend sicher keine gute Figur abgeben, weil ich *meine*, dass es nicht gut gehen wird«. Ihre Gefühle und Gedanken können zwar genaue

Aussagen über die Realität sein, doch anzunehmen, dass dies notwendig so ist, ohne Ihre Gefühls- und Gedankeninhalte kritisch zu beleuchten, bedeutet praktisch, Ihr Leben auf der Annahme aufzubauen, dass die Welt ausnahmslos so ist, wie sie Ihrem Fühlen und Meinen nach ist. Dieses Verhalten führt dazu, dass Sie übermäßig davon beeinflusst werden, wie Sie die Welt durch Ihre gefühlsmäßigen und gedanklichen Vorurteile wahrnehmen.

Personalisierung

Wenn Sie ein Ereignis personalisieren, nehmen Sie entweder an, dass Sie im Mittelpunkt der Erfahrung stehen, oder dass Sie für die Erfahrung sogar verantwortlich sind. Vor vielen Jahren lachten und scherzten ein Freund und ich über unseren Lieblingsfußballverein, und wie wir so unsere Späße machten, kamen wir an einem Straßenmusikanten vorbei. Der Straßenmusikant rief uns nach: »Was gibt's zu lachen über meine Musik?« Das war ein klarer Fall von Personalisierung, weil der Straßenmusikant glaubte, wir hätten über ihn gelacht, während wir bis zu diesem Moment gar keine Notiz von ihm genommen hatten.

Bei der anderen Form der Personalisierung nehmen Sie an, dass Sie für Ereignisse verantwortlich sind, für die in Wirklichkeit andere Menschen verantwortlich sind. Wenn Sie zu dieser Verzerrung neigen, werden Sie sich im Laufe Ihres Lebens wahrscheinlich mit vielen Schuldgefühlen herumschlagen.

So könnten Sie zu dem Schluss kommen, dass Sie dafür verantwortlich sind, dass Ihre Tochter ihre Mathematikprüfung nicht geschafft hat, weil Sie ihre Arbeitsgewohnheiten nicht hinlänglich beaufsichtigt haben. In diesem Beispiel übernehmen Sie selbst zu viel Verantwortung für das Ereignis und machen Ihre Tochter unzureichend dafür verantwortlich, sich nicht in der Weise vorbereitet zu haben, wie es für die Prüfung erforderlich gewesen wäre.

Wie Sie verzerrtes Denken berichtigen

Ein wichtiger erster Schritt zur Korrektur verzerrten Denkens ist der, die Verzerrung richtig zu erkennen. Dafür müssen Sie sich mit den verschiedenen Typen von Verzerrungen vertraut machen, die in diesem Abschnitt erläutert wurden, so dass Sie sagen können, ob Sie klar oder verzerrt denken.

Sobald Sie eine Verzerrung erkannt haben, besteht der zweite Schritt darin, Abstand zu nehmen und nach Belegen zu fragen, die Ihre Art zu denken entweder stützen oder ihr widersprechen. Es ist sehr wichtig, beide Schritte durchzuführen. Denn wenn Sie nur nach Belegen suchen, die Ihre Hypothese bestätigen, können Sie durchaus ein oder zwei Merkmale der Situation finden, die Ihr Denken tatsächlich stützt. Wenn Sie aber auch nach Belegen suchen, die Ihrer Hypothese widersprechen, stellen Sie vielleicht fest, dass solche Belege doch stärker wiegen als die stützenden Anhaltspunkte.

Drittens müssen Sie sich fragen, welche alternativen Sichtweisen es für ein und dieselbe Situation vielleicht gibt? Hier sollten Sie ein Brainstorming veranstalten und alles aufschreiben, was Ihnen an alternativen Sichtweisen einfällt. Als Nächstes fragen Sie sich, wie jemand die Situation sehen würde, der nicht darin verwickelt ist. Würde diese Person die Situation genauso sehen wie Sie oder würde deren Sicht eher mit einer oder mit mehreren der alternativen Sichtweisen zur Deckung kommen, die Sie anfangs ausgearbeitet haben?

Viertens sollten Sie sowohl nach Anhaltspunkten suchen, die diese alternativen Sichtweisen der Situation bestätigen, als auch nach Anhaltspunkten, die gegen diese Alternativen sprechen.

Der letzte Schritt besteht darin, sich zu distanzieren und diejenige Alternative zu wählen, die in Anbetracht aller bisherigen Schritte und sämtlicher Informationen, die Sie gesammelt haben, am plausibelsten erscheint. Auch wenn Sie die Realität selten genau so sehen können, wie sie ist, können Sie immerhin die für eine bestimmte Erfahrung beste Sichtweise wählen, diejenige Sichtweise nämlich, die durch die meisten Anhaltspunkte gestützt wird.

Ich möchte einen zuvor erwähnten Punkt noch einmal wiederholen. Die beste Methode, Denkverzerrungen zu korrigieren, ist die, sich als Erstes von den ungesunden negativen Einstellungen zu lösen, die in Schritt 2 bis 5 erläutert wurden. Erkennen und bekämpfen Sie daher zuerst Ihre starren Ansprüche, Ihre Dramatisierungsgewohnheiten, Ihre niedrige Frustrationstoleranz und die Überzeugungen, mit denen Sie andere und sich selbst heruntermachen. Sie werden dann in einer realistischeren Verfassung sein, so dass Sie die restlichen Formen verzerrten Denkens, die Ihre Sichtweise von Ereignissen beeinträchtigen, erkennen und korrigieren können.

Entwickeln Sie eine problemlösende Einstellung

Das Verfahren der Problemlösung ist eine wertvolle, umfassende Methode, die Sie immer schon in Ihrem Alltagsleben verwenden, um sowohl praktische als auch seelische Probleme zu lösen. Das planmäßige Vorgehen soll Sie ermutigen, Verantwortung für Ihre Probleme zu übernehmen (siehe Schritt 1) und eine Methode im Umgang mit Problemen zu entwickeln, bei der das Aufspüren alternativer und erfolgreicherer Möglichkeiten, mit dem Problem fertig zu werden, im Mittelpunkt steht.

Zum Verfahren der Problemlösung gehören neun aufeinander folgende Stufen:

1. Bestimmen Sie das Problem so klar und eindeutig wie möglich.
2. Setzen Sie sich realistische, erreichbare, spezifische Ziele. Diese können in kurzfristige und langfristige Ziele unterteilt werden.
3. Listen Sie alle erdenklichen Möglichkeiten auf, wie sich das Problem lösen lässt, ohne Rücksicht darauf, wie bizarr man-

che Lösungswege erscheinen mögen. Dies ist als Brainstorming zur Suche von Alternativen bekannt.

4. Listen Sie das Für und Wider einer jeden Alternative auf.
5. Suchen Sie die beste der Alternativen aus.
6. Planen Sie die Umsetzung dieser Alternative, indem Sie entscheiden, welche Schritte dafür nötig sind. Die Anfertigung eines schriftlichen Plans, der die Einzelheiten Schritt für Schritt festhält, ist an diesem Punkt besonders nützlich.
7. Verpflichten Sie sich auf die Durchführung der ausgewählten Lösung, legen Sie fest, was Sie wann, wo und wie tun werden.
8. Nachdem Sie die ausgewählte Lösung in die Tat umgesetzt haben, setzen Sie sich hin, um sich noch einmal zu vergewissern, welche Fortschritte Sie in Richtung Ihres Ziel gemacht haben. An diesem Punkt entscheiden Sie, welche weiteren Schritte Sie machen müssen, um Ihre Zielsetzung zu erreichen.
9. Beurteilen Sie das Ergebnis des gewählten Lösungswegs und entscheiden Sie, ob es notwendig ist, anders vorzugehen.

Der günstigste Zeitpunkt für die Durchführung eines Problemlösungsverfahrens wie des oben beschriebenen ist dann, wenn Sie sich von allen ungesunden negativen Gefühlen befreit haben, die Sie im Hinblick auf das vorliegende Problem haben. Wenn Sie wegen einer Situation emotional aufgewühlt sind, ist es schwierig, einen klaren Durchblick zu bekommen, und klar zu denken ist genau das, was Sie tun müssen, wenn Sie das Verfahren zur Problemlösung anwenden. Bringen Sie sich also zunächst in eine Verfassung, in der Sie in der Lage sind, Ihre irrationalen Überzeugungen infrage zu stellen und zu ändern, und nutzen Sie dann das neunstufige Problemlösungsverfahren.

Verbessern Sie Ihre Entscheidungsfindung

Viele Menschen finden es schwierig, Entscheidungen zu treffen. Es ist wichtig, zwischen Schwierigkeiten der Entscheidungsfindung zu unterscheiden, die auf Informationsmangel einerseits und Unschlüssigkeit andererseits zurückgehen. Die Unschlüssigkeit verdankt sich einer oder mehreren kontraproduktiven Einstellungen, die erkannt und angefochten werden müssen, bevor vernünftige Verfahren der Entscheidungsfindung angewandt werden.

Unschlüssigkeit kann auftreten, wenn Sie Folgendes glauben:

1. *Ich muss ganz sicher sein, dass ich die richtige Entscheidung treffe.* Es ist unmöglich, von vornherein zu wissen, ob Sie die richtige Entscheidung treffen. Alles, was Sie tun können, ist, die nötigen Informationen einzuholen, eine Entscheidung zu treffen, und später zu beurteilen, ob sie sich als richtig oder falsch erwiesen hat. Außerdem ist es unmöglich, sich bei irgendetwas sicher zu sein, geschweige denn beim Ergebnis Ihrer Entscheidungen.
2. *Wenn ich Entscheidungen treffe, muss ich mich wohl fühlen.* Abgesehen von den Entscheidungen, die völlig klar geschnitten sind, weil die eine Vorgehensweise nur Vorteile und die andere Vorgehensweise nur Nachteile hat, beinhalten die meisten Entscheidungen eine Wahl zwischen Alternativen, die sowohl Vorteile als auch Nachteile haben. Insofern bedeutet eine Entscheidungsfindung ausnahmslos, dass Sie sich mit einem gewissen Grad an Unbehagen abfinden müssen, da Sie auf einige Vorteile der nichtbevorzugten Entscheidungsvariante verzichten, sobald Sie die bevorzugte Entscheidungsvariante wählen.
3. *Ich muss die richtige Entscheidung treffen, anderenfalls beweist meine Wahl, dass ich dumm und unzulänglich bin.* Selbst wenn Sie eine Entscheidung treffen, die sich später als falsch he-

rausstellt, ist das wohl kaum ein Beweis dafür, dass Sie als Person unzulänglich sind. Es mag ein Beweis dafür sein, dass Sie sich nicht genug Zeit genommen haben oder nicht genug Informationen gesammelt haben, bevor Sie Ihre Entscheidung trafen. Doch wenn Sie als Person unzulänglich wären, wäre jede Ihrer Entscheidungen und im Grunde genommen sogar alles, was Sie überhaupt in Ihrem Leben tun, unzulänglich, und das ist eine vollkommen überzogene Verallgemeinerung.

Sobald Sie solche kontraproduktiven Einstellungen erkannt, angefochten und geändert haben, sind sie in der Lage, die Kosten-Nutzen-Analyse zu verwenden, die dazu gedacht ist, effektive Entscheidungen zu erleichtern (siehe Schema 1 und 2). Um eine Kosten-Nutzen-Analyse durchzuführen, müssen Sie sechs Schritte umsetzen. Ich beschreibe die sechs Schritte im Hinblick auf eine Wahl zwischen zwei Alternativen. Sie können dieses Verfahren auch dann anwenden, wenn Sie mehr als zwei Wahlmöglichkeiten haben.

Schema 1: Kosten-Nutzen-Analyse

Kurzfristige Vorteile/Nutzen der Option A	
für mich selbst	*für andere Menschen*
1	1
2	2
3	3
4	4
5	5
6	6

Langfristige Vorteile/Nutzen der Option A	
für mich selbst	*für andere Menschen*
1	1
2	2
3	3
4	4
5	5
6	6

Kurzfristige Nachteile/Kosten der Option A	
für mich selbst	*für andere Menschen*
1	1
2	2
3	3
4	4
5	5
6	6

Langfristige Nachteile/Kosten der Option A	
für mich selbst	*für andere Menschen*
1	1
2	2
3	3
4	4
5	5
6	6

Schema 2: Kosten-Nutzen-Analyse

Kurzfristige Vorteile/Nutzen der Option B	
für mich selbst	*für andere Menschen*
1	1
2	2
3	3
4	4
5	5
6	6

Langfristige Vorteile/Nutzen der Option B	
für mich selbst	*für andere Menschen*
1	1
2	2
3	3
4	4
5	5
6	6

Kurzfristige Nachteile/Kosten der Option B	
für mich selbst	*für andere Menschen*
1	1
2	2
3	3
4	4
5	5
6	6

Langfristige Nachteile/Kosten der Option B	
für mich selbst	*für andere Menschen*
1	1
2	2
3	3
4	4
5	5
6	6

1. Fertigen Sie eine klare Beschreibung der beiden Optionen (A + B) an, zwischen denen sie wählen müssen. Schreiben Sie die Option jeweils auf ein Blatt des Formulars für die Kosten-Nutzen-Analyse.
2. Nehmen Sie eine der beiden Optionen (z.B. Option A) und konzentrieren Sie sich auf die Vorteile und den Nutzen dieser Wahlmöglichkeit für Sie selbst und für andere Menschen, sowohl kurzfristig als auch langfristig betrachtet.
3. Schreiben Sie die entsprechenden Nachteile und Kosten dieser Wahlmöglichkeit auf, wiederum kurzfristig und langfristig gesehen, für Sie selbst und für andere Menschen betrachtet.
4. Wiederholen Sie die Analyse der Vorteile und Nachteile für die andere Option (B).
5. Lassen Sie die Sache etwa eine Stunde lang auf sich beruhen und machen Sie Ihren Kopf frei, bevor Sie wieder zu Ihren Formularen zurückkehren und sich ansehen, was Sie geschrieben haben. Lesen Sie Ihre Eintragungen auf jeder Seite und stellen Sie sich folgende Frage: Ist es alles in allem und unter Berücksichtigung sämtlicher Aspekte besser, Option A oder Option B zu wählen?
6. Treffen Sie Ihre Entscheidung, ohne länger zu überlegen. Selbst wenn beide Optionen fast gleichauf liegen, nehmen Sie die Option, die insgesamt einen leichten Vorsprung hat. Ver-

pflichten Sie sich darauf, sie in die Tat umzusetzen, und tun Sie es dann. Auch wenn Sie eine falsche Entscheidung treffen, werden Sie auf lange Sicht meist glücklicher sein, als wenn Sie eine Entscheidung endlos vor sich herschieben, Ausflüchte erfinden und sich der Entscheidungsfindung weiterhin unschlüssig nähern.

Entwickeln Sie Ihre Kreativität

Kreativ zu sein beinhaltet einen Prozess, den man »divergentes Denken« nennt. Dazu gehört, im Denken Risiken einzugehen, wagemutig zu denken auf eine Weise, die sich der Logik widersetzt, absurd erscheint und auf andere Menschen verrückt wirkt. Das kreative Denken an sich beinhaltet häufig eine vorübergehende Aufhebung kritischen Denkens, so dass sich in Ihrem Geist neue Ideen entwickeln, neue Assoziationen bilden und neue Perspektiven entstehen können. Wenn Sie Ihren Kopf erst einmal für neuartige Ideen geöffnet haben, können Sie kritische Denkweisen wieder zulassen, um das zu beurteilen, was Sie entdeckt haben, und um über ein geeignetes Handeln zu entscheiden (indem Sie die oben beschriebenen Methoden zur Problemlösung und Entscheidungsfindung anwenden).

Da man nicht kreativ sein kann, wenn man mit den eigenen Denkprozessen keinerlei Risiko eingeht, müssen Sie hierzu fähig sein und zugleich die unangenehme Seite aushalten können, die damit durchaus verbunden sein kann.

Schritt 8

Entwickeln und verfolgen Sie persönliche Interessen

Wie alle Menschen sind Sie dann am glücklichsten, wenn Sie ein Interesse verfolgen, das Ihnen persönlich etwas bedeutet und das Sie voll und ganz in Anspruch nimmt. Im Gegensatz dazu sind Sie durch routinemäßige, alltägliche, banale Tätigkeiten, die weder besonders fesselnd noch persönlich bedeutsam sind, rasch gelangweilt und entmutigt. Damit Sie nicht nur glücklich, sondern sich auch langfristig psychisch wohl fühlen, sollten Sie eine Reihe von Interessen, Projekten und Tätigkeiten ausfindig machen, die Ihnen persönlich wichtig sind und die Sie vollständig in Anspruch nehmen.

In Schritt 5 habe ich deutlich gemacht, dass Sie als einzigartiges, vielschichtiges Individuum auch ebenso einmalige und komplexe Vorlieben haben werden. Das Gleiche gilt auch, wenn Sie die Interessen bedenken, die buchstäblich Ihren Lebensnerv ansprechen. Finden Sie heraus, was Ihnen persönlich etwas bedeutet, und verfolgen Sie diese Interessen aktiv, solange sie nicht mit den Interessen Ihrer Angehörigen kollidieren und niemand sonst geschädigt wird. Dabei sollte es Ihnen gleichgültig sein, wie selbstbezogen Ihre Interessen sind und wie absurd sie anderen Leuten erscheinen mögen.

Über die Interessen anderer Leute denken die Menschen oft sehr intolerant, da sie meinen, deren Interessen seien so ganz anders als ihre eigenen. Ein Mann, dessen vitales Interesse der Oper gilt, wird einen anderen Mann »lächerlich« finden, der sich intensiv mit Eisenbahnen beschäftigen kann. Der Eisenbahnfan wird zweifellos ähnliche Ansichten über den Opernfan hegen. Wenn Sie sich mit Ihrem vitalen Interesse intensiv befassen wollen, müssen Sie sich also ein dickes Fell zulegen, was die Ansichten anderer angeht. Sonst schämen Sie sich möglicherweise außerordentlich, falls andere von Ihren Interessen erfahren, die einzig und allein für Sie gelten. Das könnte Sie entweder völlig davon abbringen, Ihre Interessen aktiv zu verfolgen, oder doch ein immer mitschwingendes Schamgefühl in Ihnen erzeugen.

Überwindung der Scham

Scham ist in diesem Zusammenhang ein Gefühl, das wie andere Gefühle auf eine persönliche Lebensphilosophie zurückgeht, und zwar hier im Hinblick darauf, wie andere Sie sehen. Nehmen wir das Beispiel des Eisenbahnfans. Was müsste er sich selbst sagen, um sich tatsächlich zu schämen, wenn andere Leute das Eisenbahnhobby verspotten? Er müsste sich sagen:

1. »*Andere Menschen glauben, mein Eisenbahnhobby ist komisch.*« Dieser Schluss mag wohl wahr sein. Nicht jeder wird so denken, aber einige tun das ganz bestimmt.
2. »*Weil andere mein Interesse komisch finden, glauben sie, ich sei ein seltsamer Mensch.*« Das ist wahrscheinlich eine überzogene Verallgemeinerung, die vielfach nicht zutreffend ist. Zweifellos gibt es einige Menschen, die, weil sie Ihr Interesse absonderlich finden, dummerweise daraus ableiten werden, Sie seien eine in jeder Hinsicht seltsame Person, aber die meisten werden das nicht tun. Wenn Sie also feststellen, dass Sie so denken, sollten Sie dies als Verzerrung erkennen und korrigieren, indem Sie sich an die im vorausgegangenen Schritt beschriebenen Methoden halten.
3. »*Wenn mich andere Menschen seltsam und absonderlich finden, haben sie Recht, ich bin es.*« Das ist der Wesenskern der Scham, denn selbst wenn der Eisenbahnfan die Stufen 1 und 2 mitgeht, würde er sich nicht beschämt fühlen, wenn er sich

bei Stufe 3 akzeptieren würde. Aus diesem Grund würde ich dem Eisenbahnfan raten, vorübergehend davon auszugehen, dass seine Schlussfolgerungen auf Stufe 1 und 2 richtig sind, so dass er die der Scham zugrunde liegende Philosophie bei sich erkennen und ernsthaft anfechten kann.

Was sollte der Eisenbahnfan tun, um seine Scham zu überwinden? Erstens muss er sich bestimmte Fragen stellen, wie beispielsweise diese: »Folgt allein daraus, dass andere Leute meinen, ich sei seltsam und sonderbar, dass ich wirklich seltsam und ein Sonderling bin?« Er kann diese Frage dann so beantworten: »Selbst wenn andere Leute solche unklugen Verallgemeinerungen machen, bin ich keinesfalls sonderbar, weil ich als Individuum bei weitem zu vielschichtig bin, um ein solches Etikett zu verdienen. Wenn ich wirklich ein Sonderling wäre, wäre alles an mir sonderbar, und das ist vollkommen lächerlich. Ich bin ein fehlbarer Mensch, der Interessen hat, die manche Menschen sonderbar finden. Das ist bedauerlicherweise so. Ich sollte diese bittere Wahrheit lieber akzeptieren und meine vitalen Interessen trotzdem verfolgen.«

Mit dieser Frage-und-Antwort-Methode können Sie sich selbst helfen und die Scham weitgehend aus Ihrem Leben verbannen, wenn Sie Ihren Interessen aktiv nachgehen.

Die Wichtigkeit von Eigenaktivitäten

Wie ich zu Beginn dieses Schrittes schon erwähnte, sind Menschen offenbar glücklicher, wenn sie in irgendein äußerst fesselndes Interesse aktiv, statt lediglich passiv einbezogen sind. Daher ist es wichtig, dass Sie sich ohne Wenn und Aber auf die Interessen einlassen, die Sie persönlich sinnvoll und in besonderem Maße fesselnd finden. Sie sollten sich jeder Neigung, Ihren echten Interessen nur passiv nachzugehen, energisch widersetzen.

Wenn Sie sich aktiv mit etwas Sinnvollem befassen wollen und diese Aktivität auf Ihrem Interessengebiet beibehalten wollen, ist es, wie in Schritt 4 bereits erwähnt wurde, erforderlich, dass Sie eine Philosophie hoher Frustrationstoleranz entwickeln. Deshalb empfehle ich eine Wiederholung der Punkte in Schritt 4, falls Sie der Meinung sind, dass niedrige Frustrationstoleranz auf diesem Gebiet ein Problem für Sie ist. Allerdings ist die NFT in diesem Rahmen meist ein geringeres Problem, weil Ihre vitalen Interessen eben gerade in besonderem Maße fesselnd sind. Daher haben Sie eigentlich genügend Interesse an der Tätigkeit, um sich selbst zur Aktivität zu motivieren. Gleichwohl wird es bei der aktiven Verfolgung Ihres vitalen Interesses auch ein paar Dinge geben, die eher lästig und mühevoll sind, und dabei kann Ihnen eine Philosophie niedriger Frustrationstoleranz zum Hindernis werden. Aus diesem Grund sollten Sie die folgenden zwei NFT-Überzeugungen kennen.

1. *Es ist allzu umständlich, das heute zu tun. Ich werde es auf morgen verschieben.* In diesem Fall müssen Sie sich zeigen, dass Sie die Tätigkeit nicht bloß als eine Mühe einschätzen, was sie durchaus sein kann, sondern ungeprüft als *allzu* mühevoll einzuschätzen, was sie sicherlich nicht ist. Diese Überschätzung geht auf die unterschwellige Forderung zurück, dass die Lebensbedingungen nicht so hart sein sollen, wie sie es sind. Sie müssen diese Philosophie nicht nur in Ihrem Denken infrage stellen, sondern durch aktive Gegenpropaganda anfechten: Durch Handeln können Sie sich buchstäblich selbst beweisen, dass die mit Ihrer Interessenverfolgung verbundene lästige Tätigkeit zwar eine Mühe ist, aber eine Mühe, die sich lohnt. Vergessen Sie außerdem nicht, dass ein Aufschieben unter solchen Umständen eine Täuschung ist, weil es unwahrscheinlich ist, dass die Tätigkeit morgen weniger mühselig sein wird.
2. *Ich werde so lange warten, bis ich in der Stimmung bin, die Sache zu erledigen.* Wenn Sie abwarten, bis Sie sich in der Stim-

mung fühlen, eine lästige Angelegenheit Ihrer vitalen Interessen zu erledigen, werden Sie unter Umständen eine sehr lange Zeit warten müssen. Denken Sie daran, dass sich die lästigen Aspekte einer Angelegenheit, an die Sie nur widerwillig herangehen, vermindern lassen, indem Sie sich in die Sache hineinstürzen, wohingegen Sie die Mühseligkeit der Aufgabe in Ihrer Vorstellung oft aufbauschen, wenn Sie abwarten, bis Sie sich in der Stimmung fühlen, die Sache zu erledigen. Wenn Sie sich in etwas hineinstürzen, was Sie zu einem bestimmten Zeitpunkt ungern tun möchten, können Sie außerdem feststellen, dass sich dieses Widerstreben bald verflüchtigt und dass Sie in die Aktivität schneller hineingezogen werden, als Sie dachten.

Obgleich Probleme mit NFT bei der Verfolgung Ihrer vitalen Interessen nicht so leicht auftreten werden wie in anderen Lebensbereichen, sollten Sie daraus nicht den Schluss ziehen, dass sie ganz bestimmt nicht auftreten werden. Achten Sie also darauf, ob Sie sich in irgendeiner Weise daran hindern, sich so aktiv wie möglich mit Ihren echten Interessen zu befassen.

Begeistern Sie sich, ohne eifernd zu werden

Zu den Gefahren eines in besonderem Maße fesselnden Interesses gehört, dass Sie eifernd oder dogmatisch werden können. Sie können buchstäblich eine Sucht entwickeln, die auf Kosten Ihrer anderen Interessen, Ihrer Berufsarbeit und Ihrer persönlichen Beziehungen geht, die allesamt darunter leiden, dass Sie starr Ihrem vitalen Interesse nachgehen, ohne nach rechts und links zu schauen. Sie gleichen dann einem Pferd, dem Scheuklappen angelegt wurden. Alles, was Sie wahrnehmen oder woran Sie denken können, ist Ihr ungemein fesselndes Interesse. Eine eifernde Haltung bei der Verfolgung von Interessen beruht offenbar auf einer Reihe irrationaler Überzeugungen. Weil Ihr

Interesse besonders faszinierend ist, glauben Sie vielleicht, Sie müssten jede verfügbare Gelegenheit dafür nutzen. Dementsprechend haben Sie möglicherweise den Gedanken, dass es schrecklich wäre, wenn Ihnen Ihre äußerst fesselnde Tätigkeit genommen würde, und dass Sie es nicht aushalten, sehr lange ohne sie auszukommen. Sie könnten außerdem unter dem irrigen Eindruck stehen, Sie seien als Person wertvoller, wenn Sie mit Ihrer Aktivität befasst sind, besonders dann, wenn Sie sich darin hervortun. Wenn es ein Problem für Sie ist, dass Sie in Ihrem speziellen Interesse nicht nur aufgehen, sondern ihm verfallen sind – und Sie werden dies herausfinden, weil andere Menschen Sie häufig darauf aufmerksam machen werden –, sollten Sie nach den irrationalen Überzeugungen suchen, die dem Problem zugrunde liegen. Suchen Sie nach der Philosophie der Anspruchsfixiertheit, der Dramatisierung, der niedrigen Frustrationstoleranz und paradoxerweise einer Philosophie der Selbstaufwertung, die an die Phasen Ihrer Interessenverfolgung gebunden ist, und der Selbstabwertung, die an die Phasen Ihrer anderweitigen Tätigkeiten gebunden ist. Bestimmen Sie diese Überzeugungen so genau wie möglich und setzen Sie sich in der schon beschriebenen Weise damit auseinander.

Wenn Sie sich einem vitalen Interesse nicht nur engagiert, sondern quasireligiös widmen, kann das auch ein Zeichen dafür sein, dass Sie ein Problem haben, das Sie sich verheimlichen möchten, indem Sie sich selbst völlig einseitig mit Ihrer auserwählten Aktivität beschäftigen. Eine Freundin hat mir vor vielen Jahren eine traurige Geschichte darüber erzählt, was sich abspielte, nachdem sie und ihr Mann Nachwuchs bekamen. Bevor das Baby auf die Welt kam, lebte das Paar in liebevollem Miteinander; der Ehemann hatte zwar ein spezielles Interesse am Fußballspielen, aber es störte seine Ehe nicht. Er begeisterte sich dafür, mit seinen Kumpels auf den Sportplatz zu gehen, war dem aber nicht verfallen. Als das Baby geboren war, stieg sein Interesse am Fußball merklich. Er nutzte jede freie Minute, um spielen zu gehen, und sah sich im Fernsehen wirklich jedes Fußballspiel an, das übertragen wurde. Allmählich wurde deutlich, dass dieser Mann auf das Baby außergewöhnlich eifersüchtig war und sich aus der Zuneigung seiner Frau verdrängt fühlte. Anstatt sich diesem Problem zu stellen und es mit seiner Frau durchzuarbeiten, schob er es beiseite und versuchte das Problem durch die nunmehr quasireligiöse Hingabe an seine Fußballbegeisterung zu lösen. Wenn Sie den Verdacht haben, dass die Beschäftigung mit dem in besonderem Maße fesselnden Interesse Ihrer Kontrolle entgleitet und dogmatische Züge annimmt, sollten Sie sich fragen, ob Sie es nicht dazu benutzen, um sich damit Lebensprobleme zu verheimlichen.

Experimentieren

Was können Sie tun, wenn Sie augenblicklich kein besonders fesselndes Interesse haben oder wenn ein Interesse für Sie an Anziehungskraft verliert? Die beste Antwort, die ich darauf weiß, lässt sich in einem Wort zusammenfassen – experimentieren Sie. Eine experimentelle Einstellung gegenüber neuen Interessen, die für Sie äußerst fesselnd werden könnten, birgt natürlich einige Risiken. Sie opfern möglicherweise Zeit für Interessen und Aktivitäten, die Ihren Erwartungen langfristig doch nicht entsprechen. Das ist ein Risiko, das Sie eingehen mussen, wenn Sie auf Dauer einen Nutzen vom Experimentieren haben wollen. Wenn Sie für solches Experimentieren nur dann Zeit aufwenden wollen, wenn es am Ende klappt, werden Sie sich ein Experimentieren mit neuen Interessen und Aktivitäten nicht zugestehen. Sie haben keine Kristallkugel, in der Sie die Zukunft sehen können. Wie können Sie wissen, ob sich der Aufwand an Zeit, Mühe und Energie auf Dauer lohnen wird? Die kurze Antwort lautet, Sie können es nicht wissen. Sie können allerdings etwas Zeit sparen, indem Sie über eine infrage kommende Aktivität vorab so viel wie möglich herausfinden und sich dann ausmalen, wie Sie sich in dieser Sache engagieren. Wenn Sie Ihr inneres Auge auf diese Weise nutzen, kann Sie dies manchmal zu dem richtigen Schluss führen, dass eine bestimmte Aktivität nichts für Sie ist. Zahlreiche Menschen waren jedoch schon angenehm überrascht festzustellen, dass sie an einer Aktivität Freude haben, von der sie das ursprünglich nicht geglaubt hatten. Auch wenn Sie meinen, dass Sie an einer bestimmten Aktivität keine Freude haben werden, kann es doch lohnenswert sein, es erst einmal auszuprobieren und zu testen.

Wie viel Zeit sollten Sie einer neuen Aktivität einräumen, bis Sie zu dem Schluss kommen, dass sie nichts für Sie ist? Unter manchen Voraussetzungen wird sich das sehr schnell klären lassen. Anderen Aktivitäten müssen Sie vielleicht ein bisschen mehr Zeit widmen. Manche Aktivitäten verlangen ein gewisses Interesse, und es braucht einige Zeit, bis Sie es erworben haben. Sie müssen aber auch ernsthaft bei der Sache bleiben, denn wenn Sie nur halbherzige Versuche unternehmen, ist es unwahrscheinlich, dass Sie an die Informationen gelangen, anhand deren Sie entscheiden können, ob eine Aktivität genug hergibt, um Ihr Interesse in besonderem Maße zu fesseln.

Schritt 9

Verbessern Sie Ihre Beziehungen zu anderen

Viele wissenschaftliche Untersuchungen konnten eindeutig nachweisen, dass gute Beziehungen zu den Mitmenschen für das psychische Wohlbefinden wichtig sind. Es wäre in der Tat schwierig, sich jemanden in guter Verfassung vorzustellen, der gleichzeitig schlechte oder nur oberflächliche Beziehungen zu anderen hat oder sein Leben sogar abseits von anderen Menschen führt. Ich glaube, es gibt wohl eine kleine Anzahl von Eremiten, die das mögen und ihre geistige Gesundheit dabei wahren, aber sie bilden die große Ausnahme. Wenn Sie mental gesund sein wollen, ist es deshalb wichtig, dass Sie Ihre Beziehungen zu anderen Menschen verbessern.

Bekennen Sie sich zu einer Philosophie der Akzeptanz gegenüber anderen Menschen

Ein tragender Pfeiler, auf den Sie Ihre besseren Beziehungen zu anderen stützen können, ist die Aneignung einer Philosophie der Akzeptanz im Hinblick auf andere Menschen. Das bedeutet, Sie verzichten auf Ihre Ansprüche, wie andere Menschen in ihrem Leben unbedingt sein sollen. Es bedeutet weiterhin, einzusehen, dass andere Menschen Ihre Wünsche durchaus enttäuschen können, dies aber eher bedauerlich als schrecklich ist. Zudem bedeutet es, das Niveau der eigenen Frustrationstoleranz im Konflikt mit anderen zu erhöhen, um die Bereitschaft herzustellen, diese Konflikte durchzuarbeiten. Dazu gehört außerdem, im Hinblick auf andere eine Philosophie zu entwickeln, die ihnen zugesteht, dass sie fehlbare Menschen sind – eine komplizierte Mischung aus guten, bösen und neutralen Eigenschaften.

Wenn Sie in der Lage sind, eine solche Philosophie der Akzeptanz auf andere anzuwenden, werden Sie auch fähig sein, zwischen Ihnen und anderen Menschen bestehende Unterschiede zu tolerieren. Nach meiner langjährigen Erfahrung in der Beratung von Paaren ist die Fähigkeit, Unterschiede zwischen sich und dem Partner zu dulden, ein starker Hinweis auf eine gute Ehe. Wenn es Ihnen nicht gelingt, zu akzeptieren, dass Ihr Partner andere Interessen, andere geschmackliche Vorlieben und in wichtigen Fragen andere Ansichten haben kann, ist es sehr leicht, als Nächstes den Anspruch zu erheben, dass er oder sie nicht so sein soll, wie er oder sie ist. Diese Haltung ist der Nährboden für viele zwischenmenschliche Konflikte unter Partnern.

Deshalb ist es wichtig, Toleranz für die Unterschiede zu kultivieren, die es zwischen Ihnen und anderen unweigerlich geben wird. Wenn Sie in der Lage sind, sicher Ihre eigene Einzigartigkeit zu rühmen, wie es in Schritt 5 erörtert wurde, werden Sie es leichter haben, die Einzigartigkeit Ihres Partners genauso zu begrüßen. Das ist eine wichtige Voraussetzung, um Respekt für Ihren Partner entwickeln zu können, und wenn Sie diese respektvolle Einstellung auf andere Menschen generell ausdehnen können, wird Ihnen das beim Aufbau guter Beziehungen zu ihnen sehr gut zustatten kommen.

Entwickeln Sie eine gesunde, vertrauensvolle Einstellung zu anderen

Vertrauen ist heute für viele Menschen ein sehr schwieriges Thema. Ich verstehe unter Vertrauen ein Gefühl der Zuversicht, dass Sie jemand nicht ausnutzen will. Da aber andere Menschen auch fehlbare Wesen sind und ihre eigenen Probleme und Schwächen haben, liegt es schon im Bereich des Möglichen, dass es doch einmal vorkommt, dass man Sie ausnutzt.

Nach meiner Erfahrung fallen die Probleme, die Menschen damit haben, anderen zu vertrauen, in zwei große Kategorien. Zunächst einmal gibt es diejenigen, die ein naives Vertrauen in andere Menschen setzen. Wenn Sie eine solche Person sind, glauben Sie unwillkürlich, dass Ihnen andere Menschen, mit denen Sie in Kontakt kommen, keinen Schaden zufügen oder Sie ausnutzen werden. Gerade deshalb werden Sie dann häufig ausgenutzt, weil Sie es unterlassen, zwischen jenen zu unterscheiden, die vertrauenswürdig sind, und jenen, die es nicht sind. Wenn Sie anderen naiv vertrauen, glauben Sie, diese seien warmherzige Individuen, die sich besonders bemühen werden, Ihnen freundlich und hilfsbereit zu begegnen. Es ist wichtig für Sie, diese Naivität abzulegen und auf der Grundlage Ihrer Erfahrungen zwischen solchen Personen zu unterscheiden, denen man vertrauen kann (wenngleich nicht völlig bedingungslos), und solchen Personen, denen man nicht vertrauen kann.

Die zweite und nach meiner Erfahrung bei weitem verbreitetste Gruppe hat Schwierigkeiten, anderen Menschen zu vertrauen, weil sie ihnen zutiefst misstraut. Wenn Sie zu diesem Personenkreis gehören, werden Sie normalerweise die Ansicht äußern, Sie fänden es schwierig, Menschen näher zu kommen, weil Sie am Ende nicht verletzt werden wollen. Als eine solche Person haben Sie charakteristischerweise zwei zusammenhängende Überzeugungen. Erstens glauben Sie, dass Sie eine Garantie dafür haben müssen, dass Sie nicht verletzt werden, bevor Sie jemandem vertrauen können, und zweitens glauben Sie, es wäre ganz entsetzlich, verletzt zu werden. Statt sich dieser Möglichkeit zu stellen, entscheiden Sie, dass es viel besser ist, nur oberflächliche Beziehungen zu anderen Menschen zu unterhalten. Da Ihre oberflächlichen Beziehungen zu anderen im Grunde genommen unbefriedigend sind, obwohl Sie diese als weniger beängstigend empfinden, sitzen Sie in der Klemme zwischen einem angenehmen und unbefriedigenden Zustand einerseits und der Furcht einflößenden Aussicht auf Vertrautheit andererseits.

Um ein gesundes Vertrauen zu anderen Menschen zu entwickeln, müssen Sie sich mit der fixen Idee in Ihrem Kopf auseinander setzen, Sie bräuchten eine Garantie, dass Sie nicht verletzt werden. Aber ebenso wie bei anderen Garantien ist ein garantierter Schutz vor Enttäuschung oder Kränkung schlichtweg nicht möglich. Selbst wenn eine andere Person ausdrücklich verspricht, dass sie Sie niemals kränken wird, stellt dies keine Garantie dar, weil diese andere Person grundsätzlich ein mit Problemen, Schwächen und Fehlern behafteter Mensch ist, und diese Fehler können sie durchaus zu einem Verhalten veranlassen, das für Sie irgendwann schmerzlich sein kann.

Sie müssen auch die Vorstellung infrage stellen, wonach Sie auf gar keinen Fall enttäuscht oder betrogen werden dürfen, weil es schrecklich wäre, wenn das geschähe. Lassen Sie mich in diesem Punkt klarer werden. Enttäuscht und betrogen zu werden ist eine sehr unerfreuliche Erfahrung, die sich niemand freiwillig aussuchen würde. Ganz im Gegenteil. Da Sie aber nun einmal Umgang mit anderen Menschen haben, ist es wichtig, einzusehen, dass dies manchmal passieren kann. Der Schlüssel dazu, eine vernünftigere, vertrauensvollere Beziehung zu den Mitmenschen aufzubauen, ist die Preisgabe der dramatisierenden Haltung als Reaktion auf eine Enttäuschung oder Verletzung und der Verzicht auf den Anspruch, das dürfe auf gar keinen Fall geschehen.

Sobald Sie eine gesunde, vertrauensvolle Einstellung zu anderen Menschen haben, werden Sie von einer besseren Warte aus beurteilen können, wie schlimm Sie enttäuscht oder betrogen worden sind. Wenn Sie beispielsweise glauben, dass es wichtig für Sie ist, in einer monogamen Beziehung mit einer geliebten Person zu leben, und diese geliebte Person ist Ihnen untreu, dann können Sie den Schluss ziehen, dass Ihre Beziehung zu dieser Person am Ende ist. Sie könnten aber auch entscheiden, dieser Person eine zweite Chance zu geben und die Beziehung erst dann zu beenden, wenn Sie erneut betrogen werden.

Sollten Sie zu den naiven, gutgläubigen Individuen gehören,

dann sind Sie vielleicht allzu tolerant, was die kleinen Sünden Ihrer geliebten Person angeht, was zur Folge haben kann, dass Sie andauernd betrogen werden; sind Sie hingegen in Vertrauensdingen grundsätzlich argwöhnisch, entscheiden Sie vielleicht nicht nur, die Beziehung zu beenden, sondern fassen auch noch den Entschluss, sich nie wieder auf eine Beziehung einzulassen.

Wenn Sie eine gesunde, vertrauensvolle Einstellung zu den Menschen haben, werden Sie die gebotene Sorgfalt und Umsicht walten lassen, um zwischen solchen Leuten zu unterscheiden, denen Sie trauen können, und solchen Leuten, bei denen es geboten erscheint, eine gewisse Distanz zu wahren. Hierbei sollten Sie beherzigen, dass Sie in Ihren Entscheidungen flexibel bleiben und sich bei diesen Entscheidungen von Ihren Erfahrungen leiten lassen anstatt von Ihrer im Übermaß arglosen oder übertrieben misstrauischen Haltung.

Verständigen Sie sich einfühlsam

Einfühlsame Kommunikation mit anderen bedeutet, dass Sie ihnen sowohl Ihre positiven als auch Ihre negativen Gefühle vermitteln können. Zum Thema Selbstbehauptung gibt es eine Fülle von Texten. Diese Bücher schenken der Vermittlung Ihrer positiven Gefühle zwar eine gewisse Aufmerksamkeit, aber im Wesentlichen handeln sie davon, wie Sie am besten Ihre negativen Gefühle mitteilen und am geschicktesten für Ihre eigenen Rechte eintreten. Wenn Sie jedoch gesunde Beziehungen zu anderen Menschen entwickeln wollen, müssen Sie der Vermittlung Ihrer positiven Gefühle gegenüber den Mitmenschen ein stärkeres Gewicht geben als Ihren negativen Gefühlen.

Teilen Sie Ihre positiven Gefühle mit

Wenn sie ein gutes Verhältnis zu Ihren Mitmenschen entwickeln möchten, ist es wichtig, dass Sie ihnen auch sagen, was Ihnen an der betreffenden Person und an ihrem Verhalten gefällt. Tun Sie dies aus dem Standpunkt heraus, dass Sie sie als fehlbare Menschen akzeptieren, die sowohl positive als auch negative und neutrale Eigenschaften haben. Erwecken Sie nicht den Eindruck, dass Sie sie mehr mögen, wenn sie erfolgreich sind, und weniger mögen, wenn sie schlecht abschneiden. Sagen Sie ihnen Dinge wie: »Ich schätze es sehr, was Sie für mich getan haben.« – »Es gefällt mir, wie Sie das gesagt haben.« – »Ich glaube, Sie leisten da eine wirklich gute Arbeit.« – »Ich bin ganz angetan davon, dass Sie sich so sehr bemühen, anderen Leuten zu helfen.«

Wie Dale Carnegie in seinem Bestseller *Wie man Freunde gewinnt* schrieb, ist es ganz entscheidend, dass Ihre positiven Mitteilungen an andere Menschen aufrichtig sind. Wenn Sie nur Theater spielen, wird das früher oder später durchschaut werden und es wird auf Sie zurückfallen. Teilen Sie also nur positive Gefühle mit, die Sie auch aufrichtig empfinden. Selbst wenn Sie zu dem Menschenschlag gehören, der übertrieben kritisch ist, können Sie sich darin üben, das Verhalten Ihrer Mitmenschen daraufhin anzuschauen, ob Sie etwas entdecken, das Ihnen gefällt oder das Sie schätzen. Sobald Sie solche Aspekte gefunden haben, zögern Sie nicht, sondern sagen Sie es ihnen. Die Empfänger solcher positiven Mitteilungen werden zunächst etwas verlegen sein, doch sie werden es auch zu schätzen wissen und gewiss nicht vergessen. Anderen Menschen positive Dinge zu sagen, wird Ihnen enorm helfen, diese im guten Sinne für sich einzunehmen.

Wie Sie Ihre negativen Gefühle vermitteln

In einem meiner vorherigen Bücher habe ich acht Schritte für eine gesunde Selbstbehauptung beschrieben, die Ihnen helfen, wenn Sie anderen Menschen Ihre negativen Gefühle mitteilen müssen.

Schritt 1: Erlangen Sie die Aufmerksamkeit der Person. Es führt zu nichts, wenn Sie versuchen, sich mit jemandem auseinander zu setzen, der anderweitig beschäftigt ist. Bevor Sie dazu übergehen, jemandem Ihre negativen Empfindungen mitzuteilen, sollten Sie deshalb dafür sorgen, dass Ihnen diese Person mit gesammelter Aufmerksamkeit zuhört.

Schritt 2: Beschreiben Sie das Verhalten der anderen Person, das Ihnen missfällt, möglichst objektiv. Wenn Sie eine andere Person darauf hinweisen, dass Ihnen einige Seiten an ihrem Verhalten nicht gefallen, ist es sehr wichtig, dass Sie dies so objektiv wie möglich tun. Ziehen Sie keine weiterreichenden Schlussfolgerungen und machen Sie keine abfälligen Bemerkungen über den Charakter der anderen Person. Sagen Sie zum Beispiel: »Ich mag die Tatsache nicht, dass Sie das über mich gesagt haben«, anstatt: »Ich mag die Tatsache nicht, dass Sie mich kritisiert haben.« Das Letztere ist eine Schlussfolgerung, Ersteres hingegen eine objektive Beschreibung.

Schritt 3: Teilen Sie Ihre gesunden negativen Gefühle mit. Ich habe bereits auf den Unterschied zwischen gesunden negativen Gefühlen und ungesunden negativen Gefühlen hingewiesen. An diesem Punkt des Verständigungsprozesses ist es entscheidend, dass Sie Ihre gesunden negativen Gefühle und nicht Ihre ungesunden negativen Gefühle mitteilen. Wenn Sie Ihre ungesunden negativen Gefühle äußern, werden Sie Ihr Gegenüber nur ermuntern, eine starke Verteidigungshaltung einzunehmen, und das wird einer konstruktiven Beziehung im Weg stehen. Statt Kränkung und Wut zu äußern, sollten Sie besser Ihre Enttäuschung und Ihre Verärgerung offen legen. Mit der Äußerung Ihrer verletzten Gefühle oder Ihrer Wut erhöhen Sie nur die Wahrscheinlichkeit, dass die andere Person ausfällig oder abwehrend reagieren wird. Teilen Sie dagegen die Gefühle Ihrer Enttäuschung und Verärgerung frei von Verurteilung mit, wird die andere Person geneigter sein, Ihnen zuzuhören.

Schritt 4: *Prüfen Sie Ihre Schlussfolgerungen und fragen Sie nach einer Antwort.* Es ist schwierig, aus dem Verhalten eines anderen Menschen keine Schlüsse zu ziehen. Sie müssen sich aber darüber im Klaren sein, dass Ihre Schlussfolgerungen eher Ahnungen sind, als Tatsachen entsprechen. Wenn Sie einer anderen Person Ihre Schlussfolgerungen mitteilen, sollten Sie sie zunächst als eine Ahnung und nicht als eine Tatsache darstellen und dann mit der anderen Person klären, ob sie meint, dass Sie die Sache richtig sehen. So geben Sie Ihrem Gegenüber Gelegenheit zu einer Reaktion.

Schritt 5: *Hören Sie sich die Antwort an und reagieren Sie darauf.* Sobald Sie die andere Person zu einer Antwort aufgefordert haben, zeigen Sie Ihr Respekt, indem Sie ihr zuhören, ohne sie zu unterbrechen. Das gilt auch, wenn Ihnen missfällt, was der andere sagt. Wenn Sie Ihren Gesprächspartner unterbrechen, während dieser mit Ihnen spricht, wird ihn das abwehrbereiter stimmen und eine konstruktive Beziehung wird dadurch erschwert. Hören Sie der anderen Person jedoch zu, ohne ihr ins Wort zu fallen, hat sie das Gefühl, angehört zu werden. Sie haben dann eine bessere Ausgangslage, um auf das Gesagte konstruktiv zu reagieren.

Schritt 6: *Nennen Sie Ihre Wünsche klar und genau.* Nachdem Sie der anderen Person zugehört haben und eine erste Reaktion gezeigt haben, ist es wichtig, dass Sie ihr unmissverständlich zu verstehen geben, was Sie von ihr wollen (z.B. eine andere Antwort als diejenige, die sie Ihnen zuvor gegeben hat). Erinnern Sie sich daran, dass Sie nicht bekommen *müssen*, was Sie haben wollen, auch wenn Ihr Wunsch völlig berechtigt ist. Vergewissern Sie sich, dass Sie sich klar ausgedrückt haben, so dass die andere Person verstanden hat, was Sie von ihr erwarten. Wenn Sie beispielsweise nur annehmen, Ihr Gegenüber müsse doch wissen, was Sie wollen, betreiben Sie eine wenig hilfreiche Form des Gedankenlesens, die Ihr Verhältnis zu der anderen Person äußerst kompliziert gestalten wird.

Schritt 7: Erfragen Sie die Zustimmung der anderen Person. Nachdem Sie Ihrem Wunsch Ausdruck gegeben haben, fragen Sie die andere Person, wie sie dazu steht, oder, genauer gesagt, Sie bemühen sich um ihre Zustimmung, tatsächlich das zu tun, um was Sie sie gebeten haben. Wenn Ihr Gegenüber zu einer solchen Übereinkunft nicht bereit ist, müssen Sie vielleicht noch weitere Gespräche führen, in denen Sie Ihren Standpunkt geltend machen.

Schritt 8: Teilen Sie jegliche Information mit, die für zukünftige Vorkommnisse von Bedeutung ist. Dieser letzte Schritt eines der Selbstbehauptung dienenden Gesprächs beinhaltet, dass Sie all das an Informationen weitergeben, was die andere Person bei ähnlichen Vorkommnissen künftig wissen soll. So können Sie beispielsweise sagen: »Das nächste Mal, wenn so etwas geschieht, werde ich Ihnen jedenfalls gleich sagen, wie das bei mir ankommt«, oder: »Wie soll ich Sie darauf aufmerksam machen, wenn das noch einmal passiert?« Die Verständigung darüber ist dann besonders wichtig, wenn die andere Person behauptet, sie sei sich nicht bewusst gewesen, dass sie in einer negativen Weise gehandelt habe.

Dieser mit Bestimmtheit geführte Verständigungsprozess kennzeichnet ganz wesentlich die Ausbildung eines gesunden Verhandlungsstils, so dass Sie einen Konflikt mit einer anderen Person weitgehend entschärfen können. Ein solcher Stil wird auch mit größerer Wahrscheinlichkeit zu einem gesunden Kompromiss und zur Versöhnung führen. Kompromisse zu machen ist dann wichtig, wenn Sie die Beziehung mit der anderen Person fortsetzen wollen; ihr Zweck besteht darin, dafür zu sorgen, dass beide Seiten etwas von einem fortgesetzten Umgang miteinander haben. Ist das nicht der Fall, dann wird Ihre weiterhin bestehende Beziehung unterschwellig von einer nicht ausgedrückten Gereiztheit geprägt sein. Das ist weder Ihrer eigenen geistigen Gesundheit förderlich noch fördert es das Wohlbefinden der anderen Person.

Stehen Sie zu Ihren Verpflichtungen gegenüber anderen

Um zu beweisen, dass Sie in Beziehungen vertrauenswürdig sind, sollten Sie Ihre Versprechen halten. Das ist ein wichtiger Aspekt zwischenmenschlicher Beziehungen, der, wie ich meine, in psychologischen Texten zu diesem Thema leider zu Unrecht vernachlässigt wird. Ihre Verpflichtungen gegenüber anderen Menschen einzuhalten bedeutet, dass Sie das, wozu Sie sich bereit erklärt haben, auch wirklich durchführen, obwohl zwischenzeitlich vielleicht reizvollere Möglichkeiten aufgetaucht sind. Gerade in einem solchen Fall brauchen Sie Ihre allmählich aufgebaute Philosophie hoher Frustrationstoleranz.

Wie sollte sich John zum Beispiel verhalten, wenn er mit Mary vereinbart hatte, sie in einer Woche zu einem Theaterstück zu begleiten, dann aber eine attraktiver erscheinende Einladung erhält? Meiner Ansicht nach muss John sich so etwas sagen wie: »Ich habe Mary versprochen, sie zu dem Theaterstück zu begleiten, und ich werde das auch tun, obwohl es vermutlich mehr Spaß machen würde, die andere Einladung anzunehmen. Wenn ich Mary enttäusche, kann das unser zukünftiges Verhältnis belasten, und das möchte ich nicht. Deshalb werde ich mich mit der Frustration abfinden, dieses gesellige Ereignis zu verpassen, und mich darüber freuen, dass ich in der Beziehung zu Mary meine Verlässlichkeit unter Beweis stelle.«

Eines der besten Mittel, um das Vertrauen anderer Menschen zu gewinnen, besteht darin, ihnen zu zeigen, dass Sie bereit sind, einzuhalten, wozu Sie sich verpflichtet haben, dass Sie zuverlässig sind und dass Sie sich nicht durch vorübergehende Launen davon abbringen lassen, Ihre Versprechen zu halten. Haben Sie beispielsweise einer Bekannten gesagt, Sie würden sie zu einer bestimmten Zeit anrufen, dann sollten Sie das tatsächlich tun, auch wenn dies bedeuten kann, eine sehr unterhaltsame Tätigkeit abzubrechen. Zur Aufrechterhaltung zwischenmenschlicher Beziehungen muss man gelegentlich mit Frustrationen klarkommen; und man muss zuweilen auf angenehme Dinge verzichten, die einem im Augenblick vielleicht mehr Spaß machen würden. Das lässt sich aber nicht ändern, wenn Sie gute Beziehungen zu anderen Menschen aufrechterhalten möchten.

Entwickeln Sie soziale Interessen

In Schritt 5 habe ich die Auffassung vertreten, dass es wichtig für Sie wäre, eine Philosophie des aufgeklärten Eigeninteresses zu entwickeln. Ich habe diese Haltung mit der des Egoismus verglichen. Die erste Haltung zeigt, dass Sie im Wesentlichen an Ihrem eigenen Wohl interessiert sind, dass Sie sich aber auch grundlegend für das Wohlergehen anderer Menschen interessieren, und besonders der Menschen, die Ihnen etwas bedeuten.

Der Egoismus dagegen beruht auf einer Einstellung, wonach Ihre eigenen Interessen immer zuerst kommen müssen; die Wünsche anderer Menschen sind unerheblich und können ohne weiteres vernachlässigt werden. Wenn Sie Ihre Beziehungen zu anderen Menschen verbessern möchten, ist es unumgänglich, ein ebenso echtes Interesse an deren Wohl wie an Ihrem eigenen zu entwickeln. Das bedeutet, für die Wünsche anderer Menschen aufgeschlossen zu sein und diesen möglichst gerecht zu werden, es sei denn, sie geraten mit Wünschen in Konflikt, die Ihnen selbst sehr wichtig sind. Manchmal kann das heißen, die Wünsche anderer den eigenen Wünschen überzuordnen, wenn deren Wünsche den Betreffenden wichtiger sind, als Ihre es für Sie sind.

Zur Aufmerksamkeit für andere Menschen gehört allerdings nicht nur, ihnen sprachlich zu vermitteln, dass sie Ihnen nicht gleichgültig sind und dass Sie sich für sie interessieren, sondern dies auch durch Ihre Handlungen unter Beweis zu stellen. Eine fürsorgliche Handlung sagt mehr als tausend nette Worte. Sobald Sie sich um andere kümmern, werden Sie außerdem feststellen, dass diese sich auch bereitwilliger um Sie kümmern werden.

In einer umfassenderen Perspektive heißt soziales Interesse, zu beweisen, dass Sie anderen helfen – dem Kreis der Ihnen unmittelbar nahe stehenden Menschen, einem größeren Kreis von Menschen, die in Ihrem Gemeinwesen leben, und auch anderen, die in fern liegenden Regionen der Welt Hilfe brauchen. Je mehr Sie anderen Menschen helfen, die in Not sind, desto mehr werden Sie sich in das Weltgeschehen allgemein und speziell in den engeren Kreis Ihnen nahe stehender Menschen einbezogen fühlen.

Entwickeln Sie gesunde Abhängigkeiten, die jedoch wechselseitig sein sollen

Nach meiner Erfahrung entstehen gute zwischenmenschliche Beziehungen dann, wenn Menschen ein Stück weit voneinander abhängig sind. Das bedeutet, dass Sie bereit sind, anderen zu helfen, sobald diese Ihre Hilfe benötigen, und dass dies ein wechselseitiger Prozess ist. Es gibt drei weitere Einstellungen zu anderen Menschen, die hier erwähnt werden sollen, weil sie mit guten zwischenmenschlichen Beziehungen erfahrungsgemäß unvereinbar sind.

1. Einseitige Abhängigkeit.

Wenn Sie von einer anderen Person einseitig oder sogar gänzlich abhängig sind, werden Sie ängstlich, sobald diese Person nicht in der Nähe ist, um Ihnen zu helfen und für Sie zu sorgen, oder Sie haben Angst, dass Ihre Beziehung zu dieser Person gestört werden könnte (was Sie in Ihrer Abhängigkeit als Verlassenwerden empfinden). Solche Abhängigkeit gründet sich auf eine innere Einstellung, der zufolge Sie auf andere Menschen angewiesen sind, und auf die Überzeugung, dass Sie selbst kaum in der Lage sind, aus eigener Kraft zurechtzukommen. Durch Abhängigkeit charakterisierte Beziehungen sind meistens für beide Partner nicht zufrieden stellend. Die abhängige Person fängt an, sich wegen ihrer eigenen Schwäche zu hassen, und die nicht abhängige Person ärgert sich irgendwann über das fast klaustrophobische Verhältnis, das sich zwischen beiden entwickelt. Sollten Sie also feststellen, dass Sie zur Abhängigkeit neigen, dann akzeptieren Sie Ihre Abhängigkeit, finden Sie heraus, welche irrationalen Überzeugungen Ihre Abhängigkeit untermauern, und arbeiten Sie an einer vernünftigeren, unabhängigeren Haltung, die Sie befähigen wird, in gesunden Beziehungen mit wechselseitigen Abhängigkeiten zu leben.

2. Zwanghaftes Helfen.

Menschen, die abhängig sind, entwickeln oft Beziehungen zu solchen Menschen, die ihre Stärke daraus beziehen, für Abhängige zu sorgen. Während die abhängige Person jemanden braucht, der sich um sie kümmert, ist die zwanghafte Helferperson darauf angewiesen, jemanden zu finden, der sie braucht. So genannte zwanghafte Helfer werden stark, indem sie sich um scheinbar hilflose Individuen kümmern. Wenn man jedoch ein bisschen an der Oberfläche solcher Zwangshelfer kratzt, entdeckt man häufig, dass sie ihre eigenen Schwächen verdecken, indem sie durch Hilfeleistung für die andere Person eine scheinbar starke Stellung einnehmen. Sollten Sie also jemand sein, der bei sich Tendenzen zum zwanghaften Helfen erkennt, dann sollten Sie nach den eigenen Schwächen suchen und Ihre Intoleranz für die eigenen Schwächen zugeben. Akzeptieren Sie sich mit den eigenen Schwächen, setzen Sie sich damit auseinander und entwickeln Sie Beziehungen mit mehr Gleichheit und gegenseitiger Abhängigkeit anstelle von Beziehungen, in denen Sie ausnahmslos die starke Position eines zwanghaften Helfers einnehmen, der andere unterstützt, die sich ausnahmslos in der schwachen Position eines Abhängigen befinden.

3. Zwanghafte Selbstständigkeit.
Die dritte Einstellung, die ich hier erörtern möchte, wurde von dem bekannten Psychologen John Bowlby zwanghafte Selbstständigkeit genannt. Menschen, die zwanghaft selbstständig sind, beziehen ihr Selbstwertgefühl daraus, alle ihre Probleme ohne fremde Hilfe lösen zu können. Während der zwanghafte Helfer an Stärke gewinnt, indem er einer anderen Person hilft, gewinnt der zwanghaft Selbstständige seine Stärke dadurch, alles selbst schaffen zu können und die Hilfe anderer nicht in Anspruch nehmen zu müssen. Zwanghaft selbstständige Menschen neigen dazu, sehr enge Beziehungen zu meiden, oder werden, wenn sie sich auf solche Beziehungen einlassen, bald dafür kritisiert, dass sie ihre Verwundbarkeiten nicht mit ihren Partnern teilen. Menschen, die zwanghaft selbstständig sind, schämen sich im Grunde genommen ihrer Schwächen und glauben, sie könnten ihre Scham überwinden, indem sie noch stärker werden. Ihre zwischenmenschlichen Beziehungen leiden jedoch darunter, entweder weil sie nur Oberflächlichkeit zulassen oder weil sie sich in sich selbst zurückziehen, eine Position, aus der

sie dem Partner keine Zuwendung geben und auch dessen Zuwendung nicht suchen.

Sollten Sie erkennen, dass Sie zwanghaft selbstständig sind, ist es wichtig für Sie, die Philosophie infrage zu stellen, der zufolge Sie eine minderwertige, schwache Person sind, wenn Sie sich verletzbar zeigen. Auf der Grundlage einer neu entwickelten Selbstakzeptanz sollten Sie dieses Risiko dann eingehen und zum Beispiel Ihre Verletzlichkeiten mit Ihrem Partner besprechen. Ganz allmählich entwickeln Sie eine Beziehung mit wechselseitigen Abhängigkeiten, die der Inbegriff geistiger Gesundheit für beide Partner ist, die das Glück haben, eine solche Beziehung zu erleben.

Schritt 10

Entwickeln Sie eine realistische Einstellung zum persönlichen Wandel

Ein wichtiger Faktor für die Entwicklung geistiger Gesundheit ist eine realistische Einstellung zu dem Prozess der persönlichen Veränderung. In diesem letzten Schritt werde ich elf Stufen skizzieren, die Sie durchlaufen müssen, wenn Sie mit einem realistischen Programm zur persönlichen Veränderung beginnen wollen.

Stufe 1: Geben Sie zu, dass Sie ein Problem haben, und akzeptieren Sie sich mit diesem Problem

Es ist schwierig, einem Problem abzuhelfen, wenn Sie nicht gewillt sind, es zuzugeben. Die Beschämung darüber, ein bestimmtes Problem zu haben, ist ein Hinderungsgrund, es zuzugeben. Sie denken sich dann beispielsweise: »Wenn ich dieses Problem zugebe, würde das beweisen, was für eine wertlose, unzulängliche, schwache, unfähige Person ich bin.« Mit dieser Überzeugung ist es leichter für Sie, zu leugnen, dass Sie ein Problem haben, und einfacher, andere Menschen für das Problem verantwortlich zu machen, als sich einzugestehen, dass Sie es sind, der oder die ein Problem hat. Zum Eingeständnis eines Problems gehört also die wichtige Vorbedingung, sich selbst mit dem Problem akzeptieren zu können. Wie ich Ihnen in Schritt 5 erläutert habe, ist die Entwicklung einer Philosophie der Selbstakzeptanz ein wesentliches Kennzeichen geistiger Gesundheit. Sie sehen sich dann nicht mehr als eine wertvollere Person an, weil Sie das Problem nicht haben, oder als eine weniger wertvolle Person, weil Sie es haben. Das Eingeständnis, dass Sie ein Problem haben, ermöglicht es Ihnen, die Verantwortung dafür zu übernehmen, und damit erfüllen Sie die Voraussetzung für die nächste Stufe in Ihrem Programm zur persönlichen Veränderung.

Stufe 2: Seien Sie genau

Es ist sehr schwierig, Probleme zu bewältigen, die ihrem Wesen nach ganz unbestimmt sind. Seien Sie deshalb so genau wie möglich, und zwar nicht nur dann, wenn Sie beschreiben, worin Ihr Problem besteht, sondern auch dann, wenn Sie ein Beispiel analysieren.

Stufe 3: Bestimmen Sie das gestörte Gefühl

Je mehr Sie darüber sagen können, welches Gefühl gestört ist, desto wahrscheinlicher ist es auch, dass Sie verstehen, wodurch Ihre Störung zustande kommt. Vermeiden Sie es möglichst, allgemeine Feststellungen wie »Ich bin gekränkt« oder »Ich bin bedrückt« aufzuschreiben. Außerdem müssen Sie sich darüber klar sein, dass längst nicht alle negativen Gefühle ungesund sind. So können Sie als Reaktion auf einen Verlust eine gesunde Traurigkeit, in Reaktion auf eine Bedrohung eine gesunde Besorgnis, in Reaktion auf eine Frustration einen gesunden Ärger empfinden; diese Gefühle stellen im Allgemeinen keine Probleme dar, weil sie ihrem Wesen nach gesunde Reaktionen sind. Wenn Sie darin jedoch Probleme erblicken, glauben Sie vermutlich, Sie sollten unter den geschilderten Umständen überhaupt nicht negativ empfinden. Angesichts einer Bedrohung müssten Sie demnach gelassen bleiben, angesichts eines Verlustes müsste Ihre Haltung stoisch sein und angesichts einer Beleidigung müssten Sie auch die andere Wange hinhalten. Achten Sie deshalb darauf, dass Sie Gefühle wie Angst, Depression, Kränkung,

Schuld, Wut, Selbstmitleid notieren, die sowohl negativ als auch wesensmäßig kontraproduktiv sind.

Stufe 4: Bestimmen Sie den Aspekt der Situation, der Sie am meisten beunruhigt

Wenn Sie die Erfahrung eines negativen, gestörten Gefühls machen (wie oben erörtert), ist es wichtig, dass Sie sich auf das konzentrieren, was am meisten Besorgnis in Ihnen auslöst. Sie sind in einer bestimmten Situation mit ganz verschiedenen Aspekten konfrontiert, die Sie als beunruhigend empfinden könnten. Je besser Sie denjenigen Aspekt der Situation auf den Punkt bringen können, der Sie am meisten ängstigt, desto besser werden Sie sich auf eine realistische Art und Weise selbst helfen können.

Nehmen wir einmal an, Sie ängstigen sich davor, in der Öffentlichkeit zu sprechen. Nun könnten Sie Angst davor haben, dass Sie anfangen zu stottern. Ihre Angst könnte sich auf die Möglichkeit richten, dass Sie stecken bleiben und den Faden verlieren. Sie könnten von der Angst beherrscht sein, das Publikum werde Sie bedauern oder es werde Sie offen kritisieren. Je mehr Sie sich auf das konzentrieren, was Sie am meisten beunruhigt, desto besser. Stellen Sie sich deshalb die Frage: »Was hat mir am meisten Angst gemacht an dieser Situation?« Das ist genau derjenige Bestandteil der Situation, zu dem Sie eine neue, gesunde Einstellung entwickeln müssen.

Manchmal wird der heikle Situationsbestandteil, der Sie so sehr beunruhigt, eine offenkundig verzerrte Interpretation sein. Vielleicht stellen Sie fest, dass Sie die größte Angst davor haben, dass das Publikum geschlossen aufsteht und den Saal verlässt. Das ist nun wirklich sehr unwahrscheinlich, aber da es nun einmal das ist, was Sie befürchten, ist es an diesem Punkt wichtig, probeweise anzunehmen, es werde geschehen. Es wird Ihnen ermöglichen, Ihre nicht hilfreichen, irrationalen Überzeugungen zu erkennen und Stufe 5 in Angriff zu nehmen.

Stufe 5: Erkennen Sie Ihre irrationalen Überzeugungen

Wie in den Schritten 2 und 5 schon erwähnt wurde, gibt es vier irrationale Überzeugungen, die einem Großteil der seelischen Störungen zugrunde liegen.

- Eine Philosophie der Anspruchsfixiertheit. Danach glauben Sie, dass Sie selbst, andere Menschen und die Welt einem ganz bestimmten Bild entsprechen müssen.
- Eine Philosophie der Dramatisierung. Danach glauben Sie, dass es entsetzlich, schrecklich und überhaupt das Ende der Welt ist, wenn die Bedingungen, die Ihrer Meinung nach unbedingt existieren müssen, nicht eintreten.
- Eine Philosophie der niedrigen Frustrationstoleranz. Hierbei glauben Sie, Sie könnten eine Situation, von der Sie fordern, Sie dürfe nicht eintreten, buchstäblich nicht aushalten. Das heißt, Sie werden auf der Stelle tot umfallen oder nie wieder glücklich sein.
- Eine Philosophie der Herabsetzung, mit der Sie sich und andere verunglimpfen. Hierbei glauben Sie zum Beispiel, dass Sie unter bestimmten Voraussetzungen weniger wert sind und dass eine Person, die Ihre Pläne durchkreuzt, unausstehlich ist.

Suchen Sie bei sich nach solchen Überzeugungen und denken Sie daran, dass in erster Linie diese Überzeugungen für Ihre gestörten Gefühle verantwortlich sind.

Stufe 6: Stellen Sie Ihre irrationalen Überzeugungen infrage

Es gibt im Wesentlichen drei Methoden, wie man eine irrationale Überzeugung anfechten kann. Die erste Methode besteht darin, mit Hilfe von Fragen zu prüfen, ob die Überzeugung mit der Realität vereinbar ist. Die Prüfung könnte zum Beispiel so aussehen: »Stimmt es, dass ich erfolgreich sein muss?« – »Gibt es ein Gesetz im Universum, welches besagt, dass ich Erfolg haben muss?« Die einzig richtige Antwort auf diese Fragen lautet »Nein«, einen Beweis für eine solche Gesetzmäßigkeit gibt es nicht, denn gäbe es ihn, müssten Sie erfolgreich sein. Tatsächlich hätten Sie dann keine Möglichkeit, sich einem solchen Gesetz des Universums zu entziehen. Da ein solches Gesetz, wonach Sie Erfolg haben müssen, aber nicht existiert, lautet die Antwort auf derartige Fragen: »Nein, ich muss nicht erfolgreich sein.« Es spricht allerdings einiges dafür, dass Sie erfolgreich sein wollen, und daran sollten Sie natürlich festhalten: an Ihrem gesunden Wunsch statt an Ihrem ungesunden dogmatischen Anspruch.

Die zweite Methode, eine irrationale Überzeugung infrage zu stellen, besteht darin, Fragen nach der Logik der Überzeugung zu stellen. So glauben Sie möglicherweise: »Da ich will, dass sich andere Leute um mich kümmern, müssen sie das auch tun.« Folgt der Schluss, dass sie das tun müssen, logisch aus Ihrem Wunsch, dass Sie das gern so haben wollen? Die Antwort ist »Nein«, weil sich Ansprüche, wenn überhaupt, dann nur selten logisch aus Wünschen ergeben. Halten Sie deshalb an Ihren gesunden Wünschen fest, die sich aus Ihrem umfassenderen Streben, am Leben zu bleiben, glücklich zu sein und Störungen des Gefühlslebens zu minimieren, logisch ergeben.

Die dritte Methode, irrationale Überzeugungen anzufechten, ist vielleicht die wichtigste überhaupt. Sie richtet sich auf die Folgen Ihrer irrationalen Überzeugungen. So können Sie sich beispielsweise fragen: »Wenn ich weiterhin meine, dass ich mir über das Ergebnis meiner Handlungen völlig sicher sein muss, welche Folgen wird diese Überzeugung dann haben?« Die Antwort darauf ist, dass Sie verunsichert und unschlüssig sein werden. Wenn Sie aber einerseits an Ihrer Wunschvorstellung festhalten, der zufolge Sie über das Ergebnis Ihrer Handlungen gern Gewissheit hätten, andererseits eine solche Gewissheit nicht unbedingt haben müssen, wird Ihnen diese Einstellung helfen, auf gesunde Weise besorgt zu sein und konstruktive Schritte zu unternehmen.

Wenden Sie die drei verschiedenen Fragestellungen auf jede einzelne Ihrer irrationalen Überzeugungen an, so dass Sie prüfen können:

- wie sehr Ihre Überzeugung mit der Realität übereinstimmt;
- wie logisch sie ist;
- welche Folgen sie haben wird.

Stufe 7: Berichtigen Sie Verzerrungen der Interpretationen, die Sie auf Stufe 4 vorgenommen haben

Wenn Sie sich Stufe 4 dieser Übungsreihe in Erinnerung rufen, dann hatte ich Sie dort gebeten, probeweise davon auszugehen, dass die Rahmenbedingungen, mit denen Sie in der Situation konfrontiert waren und die Sie beunruhigt hatten, der Realität entsprechen. Ich tat das, damit Sie die irrationalen Überzeugungen, die für Ihre Störung maßgeblich verantwortlich sind, besser bestimmen können. Nun sollten wir darauf zurückkommen und fragen, wie wahrscheinlich es ist, dass Ihre Interpretation stimmte. Welche kognitiven Verzerrungen kommen bei Ihnen vor? In Schritt 7 des Buches habe ich Ihnen erläutert, wie Sie die verschiedenen Verzerrungen des Denkens erkennen und was Sie dagegen tun können, und verweise Sie an dieser Stelle noch einmal auf jenen Schritt. Der Hauptgrund für meinen Vorschlag, dass Sie die Verzerrungen Ihres Denkens nicht schon auf Stufe 4 dieser Stufenfolge berichtigen, ist der, dass Sie an jenem Punkt noch immer unter dem Einfluss Ihrer gestörten negativen Gefühle stehen und nicht über die nötige Objektivität verfügen, Abstand zu nehmen und die Richtigkeit Ihrer Interpretation zu überprüfen. Die Auseinandersetzung mit Ihren irrationalen Überzeugungen auf Stufe 6 hilft Ihnen dabei, eine solche Objektivität zu erlangen, und ermutigt Sie, alle in Ihrem Denken verbliebenen Verzerrungen zu korrigieren.

Stufe 8: Stärken Sie Ihre rationalen Überzeugungen durch Übung

Ihre vier wichtigsten rationalen Überzeugungen sind, um sie noch einmal ins Gedächtnis zurückzurufen:

- eine Philosophie der Wünsche;
- eine Philosophie der Verhältnismäßigkeit;
- eine Philosophie der hohen Frustrationstoleranz;
- eine Philosophie der Selbstakzeptanz und der Akzeptanz anderer als fehlbare Menschen.

Worauf es hier ankommt, ist die Einsicht, dass Sie die neuen Philosophien nicht wirklich für sich akzeptieren werden, solange Sie nicht regelmäßig und entschlossen danach handeln. Handelt man ein- oder zweimal die Woche in einer unentschiedenen, halbherzigen Weise nach den neuen rationalen Überzeugungen, wird sie Ihre neue Lebensphilosophie nicht festigen – erreichen wird man es nur durch die häufige Übung, das eigene Handeln energisch und konsequent an den rationalen Überzeugungen auszurichten. Verpflichten Sie sich also darauf und achten Sie auf die fünf großen Fallstricke, die Sie davon abhalten können, regelmäßig und entschieden nach den neuen rationalen Überzeugungen zu handeln.

Fallstrick 1: Ich kann erst dann konstruktive Schritte unternehmen, wenn ich mich dabei wohl fühle.

Wenn Sie warten, bis Sie sich wohl fühlen, können Sie sehr lange warten, bis Sie solche konstruktiven Schritte unternehmen. Handeln Sie deshalb nach Ihren neuen rationalen Überzeugungen, obwohl es nicht angenehm ist. Sie werden sich später, nach viel Übung, besser fühlen.

Fallstrick 2: Ich kann keine konstruktiven Schritte unternehmen, weil mir das Gefühl fehlt, die Sache zu beherrschen.

Es ist wichtig, dass Sie selbst dann handeln, wenn Sie meinen, Sie hätten die Sache nicht im Griff, denn je öfter Sie nach den neuen rationalen Überzeugungen handeln, desto stärker wird auch Ihr Gefühl, die Sache zu beherrschen.

Fallstrick 3: Ich kann noch nicht anders handeln, weil ich mich noch nicht kompetent genug fühle.

So, wie sich das entspanntere Gefühl und das Gefühl, die Sache zu beherrschen, langsam einstellen, werden Kompetenzgefühle allmählich entstehen, indem man die Dinge inkompetent tut und aus Fehlern lernt.

Fallstrick 4: Ich kann nicht auf eine Art handeln, die mir neu und fremd ist, weil ich mich dafür nicht selbstsicher genug fühle.

Dagegen hilft wiederum nur, die Dinge zunächst ohne Selbstsicherheit zu tun.

Fallstrick 5: Ich kann keine konstruktiven Handlungen und insbesondere keine für mich riskanten Handlungen in Angriff nehmen, weil ich den Mut dafür nicht aufbringe.

Wie Untersuchungen an Menschen gezeigt haben, die sich im Krieg heldenhaft verhielten, kommt der Mut nicht vor den Handlungen auf, die als mutig angesehen werden. Die Menschen, die mutig handeln, und diejenigen, die es nicht tun, sind gleichermaßen ängstlich. Der Unterschied besteht darin, dass die Menschen, die bereit sind, couragiert zu handeln, nicht darauf warten, sich mutig zu fühlen, bevor sie handeln. Fürchten Sie sich also und handeln Sie trotzdem.

Stufe 9: Übertragen Sie neue rationale Überzeugungen für gleichartige Situationen

Sobald Sie beispielsweise Übung darin haben, das Bedürfnis zu beherrschen, von Ihren Kollegen ständig gelobt zu werden, können Sie Ihre neuen rationalen Überzeugungen (z.B. »Ich würde gern Beifall finden, aber ich brauche ihn nicht«) auf andere Situationen übertragen, wo Lob und Beifall ein Thema für Sie sein könnten – in dem Verhältnis zu Ihren Eltern zum Beispiel, zu Ihrer Ehefrau oder Ihren Kindern. Sie dürfen nicht davon ausgehen, dass eine derartige Übertragung auf andere Situationen von allein eintreten wird. Das wird nicht der Fall sein. Sie müssen die Übertragung schon selbst betreiben, statt passiv darauf zu warten, dass sie von selbst geschieht.

Stufe 10: Bewahren Sie das Erreichte

Vielleicht haben Sie die irrige Idee, dass Sie Ihre Ziele erreicht haben und nichts mehr tun müssen, um Ihren persönlichen Gewinn dauerhaft zu erhalten, nachdem Sie von einem Beratungsprogramm oder einer Anleitung zur persönlichen Veränderung profitiert haben. Menschen haben jedoch ein einzigartiges Talent, Fehler zu machen, und sie begehen Fehler, wenn sie sich nicht darauf verpflichten, konsequent daran zu arbeiten, solche persönlichen Gewinne zu bewahren (wie jeder bereitwillig bestätigen wird, der versucht hat, abzunehmen oder mit dem Rauchen aufzuhören). Wenn Sie beschließen, Ihre neuen rationalen Überzeugungen jeden Tag durch Übung zu festigen, obgleich dafür augenscheinlich kein Bedarf besteht, werden Sie später den Nutzen davon haben.

Um die Möglichkeit von Fehlern und Rückfällen möglichst gering zu halten, müssen Sie diese vorausschauend berücksichtigen. Achten Sie insbesondere auf Ihre wunden Punkte. Wenn Sie zum Beispiel versuchen, Ihren Alkoholkonsum einzuschränken, könnte es Ihnen passieren, dass Sie sich plötzlich in der geselligen Runde von Freunden wiederfinden, die gern mal sechs oder sieben Bier hinunterstürzen. Wenn Sie zu Ängsten neigen, könnte Ihr wunder Punkt die Konfrontation mit unvertrauten Situationen sein. Je besser Sie Ihre wunden Punkte vorab einschätzen können und je besser Sie die irrationalen Überzeugungen, die dazu führen, dass dies Ihre wunden Punkte sind, bestimmen, anfechten und ändern, desto mehr werden Sie die Möglichkeit eines Fehlers oder Rückfalles einschränken können.

Anfänglich mag es hilfreich sein, sich von heiklen Situationen fern zu halten, bis Sie Ihre rationalen Überzeugungen so weit gefestigt haben, dass Sie fähig sind, sich fehlerträchtigen Situationen mit Erfolg zu stellen. Ich möchte nicht, dass Sie in eine

Situation kommen, in der Sie sich überfordert fühlen. Ich wünsche mir aber, dass Sie die Gewohnheit entwickeln, sich selbst auf eine gesunde Art und Weise zu fordern. Trotz aller guten Vorsätze werden sich Fehler nicht immer vermeiden lassen, weil sie einfach menschlich sind. Es gibt keine hundertprozentige Methode, sie völlig auszuschließen. Doch wenn Sie sich selbst akzeptieren und wegen des Vorkommens von Fehlern nicht aus dem Gleichgewicht bringen lassen, werden Sie in einer viel besseren Lage sein, um daraus zu lernen. Wenn Sie sich selbst verurteilen und wegen eines Fehlers allzu sehr beunruhigen, wird dies leicht in einen Rückfall umschlagen, und obwohl Sie nicht wieder bei null anfangen müssen, könnte dieser Eindruck bei Ihnen entstehen.

Zum Schluss sollten Sie sich darüber klar werden, dass die Erhaltung Ihrer geistigen Gesundheit eine lebenslange Verpflichtung zu harter Arbeit bedeutet. Eine gute Nachricht ist, dass es Ihnen umso leichter fällt, je mehr Sie dafür tun. Die andere gute Nachricht ist, dass kein Mensch jemals die perfekte geistige Gesundheit verkörpern kann – auch ich nicht.

Zur eigenen Wahrheit finden

Viele Menschen machen immer wieder die gleichen negativen Erfahrungen, in der Partnerschaft wie im Beruf.

Die Ursachen liegen oft in der Kindheit, in schmerzhaften Erlebnissen, die verdrängt wurden und gegen die Abwehrmechanismen entwickelt werden mussten. In »Stellvertreterkämpfen« werden andere Menschen so später zum Ersatz für die Personen, unter denen man in der Kindheit gelitten hat und man agiert in einem kindlichen Bewusstseinszustand. Dieses Buch bietet eine verständliche Anleitung, wie man mit Hilfe bestimmter Techniken und Übungen Kindheitstraumata Schritt für Schritt überwinden und sich so seiner eigenen Wahrheit nähern kann.

»Jean Jensons Konzept hilft dem Erwachsenen, die Verluste seiner Kindheit zu betrauern, ohne dass dieser Gefahr läuft, sich wie ein Kind im Chaos der Gefühle zu verlieren.«
Alice Miller

Jean C. Jenson
Die Lust am Leben wieder entdecken
Eine Selbsttherapie
Beltz Taschenbuch 848
238 Seiten
ISBN 3-407-22848-1

BELTZ
Taschenbuch

Transformationen in der Paarbeziehung

Eine Art Naturgeschichte des Liebens, die das Geschehen zwischen Paaren als Stationen auf einem Lern- und Erkenntnisweg begreift.

Über Jahre hinweg schrieben die bekannten Autorinnen an einem Buch über die Liebe: Darüber, wie sie zwischen Menschen entsteht, wie sie aufhört zu sein, was sie am Anfang war, um dann wieder mit neuem, aber einem anderen Leben erfüllt zu werden. Die Autorinnen spüren in konkreter Auseinandersetzung mit ihren Klienten in der Paartherapie Gesetzmäßigkeiten nach, wie Paare, die lange miteinander leben, einen Paradigmenwechsel in ihrer Beziehung erfahren, ihn erleiden, aber auch von ihm profitieren können. Dieser Übergang von einem »romantischen Liebeskonzept« über verschiedene »Transformationen« hin zu einer »neuen Liebeswirklichkeit« wird nicht nur spannend und – an einem Beispiel – anschaulich erzählt, sondern gibt allen, die in der Paartherapie und in der Beratung arbeiten bishin zu den »Betroffenen« selbst unschätzbare Hinweise, Veränderungen im Liebesprozess wachsam zu reflektieren und zu optimieren.

Birgit Dechmann/Christiane Ryffel
Vom Ende zum Anfang der Liebe
Ein Leitfaden für die systemische Beratung und für Paare, die zusammenbleiben wollen
Beltz Taschenbuch 75
366 Seiten
ISBN 3 407 22075 8

BELTZ Taschenbuch